JN122404

日下菜穂子 著

シェアダイニング

食とテクノロジーで創る ワンダフル・エイジングの世界

contents

02 離れていてもシェアダイニング

03 シェアダイニングがやってきた ～「おに活」＠イオン葛西店の社会実験～

はじめに

シェアダイニングで実現する
ワンダフル・エイジングの世界

己を超えて他との関わりの中でつながる喜びを感じて生きる

そんな年のとり方をワンダフル・エイジングとよんでいます。変化する時代や状況の中で、どんな時もあきらめずに希望をもって生きるには、喜びを感じ合うつながりが大切です。

人間は、生まれてから死ぬまでの一生を通して人やモノゴトと関わりながら生き、その関わりの中につながりを見出す力をもっています。こう私が確信するのは、多くの高齢者の生きがい探しに立ち合い、その人たちが、どんな時でも「きっと大丈夫」と信頼できるつながりを見出している、その事実に触れたからです。長い人生を豊かに生きる、人と社会のあり方について探求する中で、サクセスフルではなく、ワンダフルな年のとり方が大切だと実感するようになりました。それは、ポジティブ心理学の視点から、長寿時代の生きがいを創造する心理アプローチの実践や、科学的探求を長く重ねる経験によるものです。

つながりは、個人の欲求を満たす活動を通して実感されます。人は誰にも欲求があり、その欲求が満たされる目的に向かって行動が起きています。目的に近づく道のりで困難に出合うと、自分の限界に気づいて自分の外の世界とつながりを求めるようになります。この限界を超えるつながりの実感が、喜びであり、それを生きている意味や生きがいといいます。つながりによって目標に向かう過程で心が動く感動は、生きている実感の喜びとなって周囲に伝わり、また次の感動をもたらします。

ワンダフル・エイジングの鍵は、人生を豊に生きるために「〜したい」という意志と、私たちなら「きっとできる」という信頼です(図)。ワンダフルには、「新

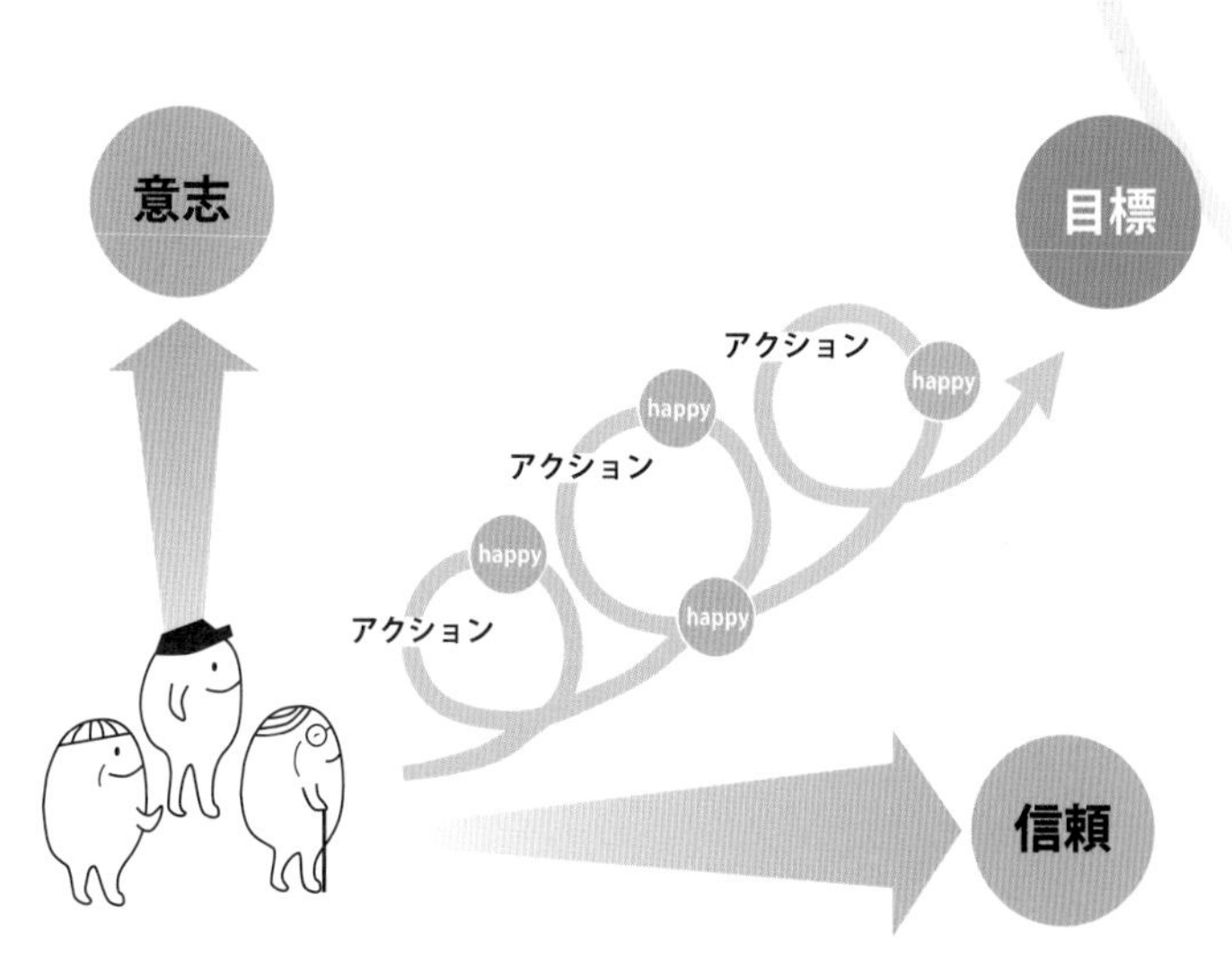

図　ワンダフル・エイジングの生きがい創造モデル*

しい世界に出会う驚きに満ちた」という意味があります。その驚きは、未知を知る喜びであり、見えない未来の可能性にワクワクする希望ともいえます。

この本でのつながりは、個人が、個人の外にある何ものかと結びついた関わりの中に創り出されるイメージを指します。そうしたつながりを、実際に人々が暮らす食生活の場で実現したのが、この本で紹介するシェアダイニングです。シェアダイニングは、人間の豊かに生きる知恵と、現代のテクノロジーとを融合して、アートと科学の力でつながりを創造する最先端の挑戦です。

つながりの場づくり

つながりは、今なお続くコロナ禍で、これまで以上に重要になっています。コロナ禍以前にも、孤食が子どもの発達に及ぼす悪影響や、社会的孤立が高齢者のフレイルや認知症の発症リスクを高める問題の深刻化などを背景に、つながりの重要性が認識されていました。

こうした厳しい状況に出合うと、人間は力を集めてその状況を乗り越えてきました。生涯発達のライフサイクル論を唱えたエリク・H・エリクソンは、高齢者が「例えば作業場のような活動の場（創造的な作業をするシステムを備えた環境）にやってきて、身体を通して感じる喜びと関わり合いを体験するべき」＊といいます。この作業場は高齢者だけのためではなく、若い世代が困難な状況でどのようにつながりを見出すのかを学ぶ場にもなります。つながりを創造する喜びは、科学的な探索の課題であると同時に、体験を通した実感によってはじめて理解できるという二面性を備えています。つながりに大切なのは、喜びという言葉の意味ではなく、喜びの感覚が伝わることでお互いの感情が通い合うことといえます。

シェアダイニングの場づくりで課題にしたのは、次の3つです。

・個人の意欲を高める場のデザインをどう創出するか。
・集団の信頼を育む関わり合いのコネクターにテクノロジーがなり得るのか。
・つながりを創造する喜びに価値を置く場づくりに、すべての人が参加するシステムをどのように実現するのか。

これらの課題を明らかにするために、シェアダイニングという現代の作業場で、つながりを共創した軌跡をたどります。

本書の流れ

この本では、ワンダフル・エイジングの考えを実現する場づくりの方法を、シェアダイニングの2つの実践例を通して紹介します。

1章は、シェアダイニングの理想の世界の紹介です。シェアダイニングでめざしたのは、つながりの喜びを分かち合う場の状態(コンビビアル)です。そして、「コンビビアル」な場の状態を実現するために大切になるのが、集団の効力感(信頼)と自律を支える個人の意欲(意志)の2つです。コンビビアルや信頼、意志は、どれも曖昧な概念で手にとって確かめたり、数値で測ったりするのが難しいものです。そこで、まずはこうした考え方を具体的に体験できる場をデザインし、その場での体験を振り返りながら概念を説明する言葉を探す、バックキャスティングの研究開発法でシェアダイニングをつくりました。

集団の効力感や意志は、例えばＩＱのような固定的な能力ではなく、状況によって流動的に変わるものなので、状況と関連づけて総合的に解釈する必要があります。そこで、リアルな体験の場に当事者も研究者も一緒になって参加することが大切です。シェアダイニングは人々の食の交歓の場であると同時に、研究開発のプラットフォームにもなっています。

2章と3章は、シェアダイニングをつくる具体的な方法についてです。1章がシェアダイニングをつくる理由と目的にあたるＷＨＹとＷＨＡＴなら、2章と3章は、コンセプトを実現する方法を具体的に提示するＨＯＷにあたります。シェアダイニングの場のデザインの要素は、空間・道具・活動の3つです。ひとつの空間の中に、人々が活動する理想の景色をデザインし、自然なアクティビティが触発される環境をつくります。道具は人と人との間にあることで、コミュニケーションを触発するメディアとして機能します。ここでの道具は、食べ物や調理具の他、スマートフォンなどの通信機器、モノを使うサービスや仕組みなど幅広く含みます。

シェアダイニングには、リモートで行う拡張シェアダイニングと、直接対面して行うアクチュアルなシェアダイニングとがあります。2章ではリモートの拡張シェアダイニングの実践例を、3章では対面のシェアダイニングの実験を事例として取り上げて、それぞれの空間・道具・活動のデザインについて説明します。

2章のリモートで行う拡張シェアダイニングの環境デザインのポイントは、オンラインでは伝わりにくい身体感覚をどのように伝え合うのか、離れた場所で喜びの共感をどのように高めるのかにアプローチする共感のデザインです。

3章の対面のシェアダイニングでは、孤立しがちな人がはじめての場所に参加したくなる好奇心のデザインがポイントです。そして参加して自立共生の行動が自然に触発される場の条件を明らかにするために、空間・道具・活動・人の多要素を複合的に捉えて、場のダイナミズムを可視化する挑戦の過程を紹介します。

4章は、シェアダイニングのＷＨＹとＷＨＡＴ、ＨＯＷを、開発に関わったメンバーに聞くクロストークです。学習環境デザイン、建築、工学、精神医学などの領域の先端をいく専門家が考える、理想のシェアダイニングの未来像を対談形式でお聞きしました。

シェアダイニングの実験には、多くの企業や事業者、研究者、市民の方々が参加されました。食産業、介護、経済などの異なる立場からみた、シェアダイニングの可能性や今後の期待、これからの食の場について、コラムで述べられています。

シェアダイニングは、実際に参加し体験した人たちがコンセプトを共有し、更新するための場です。本書では、できるだけ生の体験に近い感覚を得ていただくために、参加者の許可を得て起きた事実に沿った記述をしています。本書を読んで、見て、「ああ、そうだったのか」「そういうことね」と、ワンダフル・エイジングの世界を感じ取っていただけたら幸いです。

さあ、不安をファンに変換する喜びの旅に、私たちと一緒に出かけましょう！

＊ エリク・H・エリクソン、ジョージ・M・エリクソン、ヘレン・Q・ギヴニック（朝長正徳・朝長梨枝子訳）１９９０『老年期：生き生きしたかかわりあい』みすず書房（Erikson, E.H. 1986 Vital involvement in old age. New York: W.W. Norton & Company.）

＊ 日下菜穂子（２０１１）『ワンダフル・エイジング：人生後半を豊かに生きるポジティブ心理学』ナカニシヤ出版

CONVIVIAL
KITCHEN
Relax
ENJOYABLE

01

シェアダイニングがめざす社会

長生きがリスクになりかねない日本の高齢社会

私たちが暮らす社会は、医療や科学技術が進歩し、長寿を謳歌できる世の中になったにもかかわらず、多くの人が自分の老後に不安を抱いています。

特に、老後の心身機能の衰えや病気で、いわゆる「健康」でなくなることへの不安が非常に強いのが現状です。中高年になってからもアクティブで、健康状態も良好な人が増えているのに、老後への不安は高まるばかりです。

いわゆる「健康」を重視する今の社会では、長生きは喜びではなく、「リスク」と捉えられているのです。日本人の平均寿命は、女性が87歳で男性は81歳です（２０２２年の数字）。これとは別に、心身ともに健康で、自立した生活が送れる「健康寿命」は、日本では女性が75歳、男性が72歳です（２０１９年の数字）。平均寿命を考えると、心身機能の衰えや病気によって、いわゆる健康でなくなる期間が10年前後も続くのです。

医療や科学技術の進歩で平均寿命が延びても、身体が元気なまま長寿をまっとうするのは難しいのが現実で、その限界に気づいた多くの人が、老いの未来に不安を感じています。老後の不安は、健康の次にお金の心配がきます。元気に働けるうちはいいけれど、健康を害して働けなくなった時に生活が維持できるかが不安になります。

もちろん、いつまでも若々しく元気でいたいと願うことは、決して悪いことではありません。ただ、人は誰でも年をとり、老化による衰えから逃がれることはできません。

老いることが不安な社会で、高齢者はともすれば受け身の立場に置かれがちです。「健康」でなくなった高齢者は、見守られ、支援されるべき〝弱者〟の存在である。そんな風潮から、個人も社会全体も長寿社会の未来に希望をもてずにいるのが現状です。

人々を孤立に追いやるのは?

今、高齢者の社会的孤立の問題が深刻化しています。なぜ高齢者は社会的に孤立してしまうのでしょうか。その大きな要因として、これまでは決められたゴールに向かう目的追求型の社会であったことがあげられます。社会全体で効率や生産性が重視されるため、肉体的にも経済的にも自立できてこそ一人前であり、それができないのは「価値のない人間だ」という考え方に陥りがちです。

効率や生産性という基準で個人の能力を評価しようとすれば、若くて健康であることがよいこととされる一方、加齢による心身機能の低下は衰退とみなされ、ネガティブな意味合いをもちます。高齢者が弱者の立場に置かれがちなのは、そのためです。

アンチエイジング（抗加齢）という言葉は、この生産性重視の価値観を象徴しています。加齢による変化に対抗し、身体機能の衰退を機能的にコントロールしようとするのがアンチエイジングです。

いつまで肉体的にも経済的にも自立していられるのか。自立を求める社会からの過度なプレッシャーに、生きづらさを感じている人は少なくありません。そして、身体が弱ってくるとともに、社会の中での自信を失い、自尊心も損なわれていきます。その結果、ますます社会から孤立することになるのが、高齢者の社会的孤立の背景です。

私たちは小さな時からよく、「人に頼らずに自分でやりなさい」と教えられます。そのために困った時でもつい、「人の世話になりたくない」と手助けを断ったり、そもそも「一人でできないなら、やめたほうがいい」と目的を手放して、あきらめてしまったりします。周りに助けられることをよしとしないために、本来は助け合うことで結びつくはずのコミュニティから距離を置き、孤立状態に陥る人が少なくありません。

自分が決めた物差しをもとう

では、身体の機能が衰えて自由に動けなくなっても、安心して生きていける社会をつくるにはどうしたらいいのでしょうか。長生きがリスクではなく、喜びになる社会はどうすればつくれるのかという課題です。

鍵となるのは、生産性重視の画一的な価値観からの転換です。つまり、「健康」や「お金」といった物質的な利益を追いかけることをやめようということです。高齢者自身、健康で生産的でなければ社会的に価値がないという「他人が決めた基準」に当てはめて自分を評価することが、自分たちの尊厳を傷つけていることに気づく必要があります。加齢はさまざまな能力の喪失をもたらすかもしれませんが、喪失は必ずしもネガティブなことではありません。人生のいろいろな困難を経験した高齢期のほうが、今の生活のよい面を見て、「人生は悪くない」と満足できることもあります。

一方、社会の側も、「老いた時も、どんな時も、幸福でいられる」ことを受け入れるのが、とても大事になってきます。というのも、高齢者自身が「私は幸せです」と思っていても、周りの人が見た目や客観的な印象だけで高齢者を価値のない人間のように見ると、その人は自分が幸福でいることをあきらめてしまうからです。

どういう状態で幸せを感じるかは、人それぞれ違います。また、何が適していて、何が適していないのかの基準も、一人ひとり違います。自分の目的に合った基準やゴールの設定で、自分にとっての幸せな状態をめざすことが大切です。

そのお手本を示してくれているのが、ピアニストのフジコ・ヘミングさんです。フランツ・リストの『ラ・カンパネラ』の演奏で有名になった彼女は、その曲をしばしば演奏会で弾いています。ただ、ご存じのとおり、『ラ・カンパネラ』はリストの曲の中でも難易度の高い曲です。年を重ね、身体の機能の衰えとともに、若い頃と同じくらいの早い演奏は難しくなります。

それで彼女はどうしたかというと、自分の老いに抗うことなく、全体の演奏スピードを落としたのです。自分なりに弾きやすい演奏法を見つけたことで、曲全体に独特の味わいが出るという効果もありました。

もちろん、お手本どおりの演奏ではないため、コンクールで勝つことはできません。しかし、勝つためではなく観客を喜ばせるためにと、演奏の目的を柔軟にシフトしたことが、老後の演奏活動に大きく影響します。自分で選んだ目的に向かう情熱が、衰えに対してもあきらめない忍耐と、独自の演奏法を工夫する創造性の原動力となりました。ヘミングさんの演奏への想いは、演奏を聴いた観客の心に響き、共感をよびました。その演奏を通して、今では若い頃にはなかった新しい価値が、観客との間に生み出されています。加齢による喪失は必ずしもネガティブではなく、むしろ生涯発達のうえでは、喪失に伴う豊かな成熟の連鎖が起こることをヘミングさんは示してくれています。

コンビビアルな社会へ

これまでは、健康や経済力など個人が何かを獲得していくこと（GET）に価値が置かれていました。これからは、集団の喜びのために何ができるか（GIVE）を考えていくことが大切になります。言い換えると、個人がどんな能力やスキルを「もっているか」よりも、他者と共有する喜びにどれくらい「関与できるか」。こうした集団全体の喜びに視点を移す価値観の転換です（次頁：図1）。

何かを獲得することが目的化している社会を、思想家のイバン・イリイチ（2015）＊は無償性の喪失と批判しました。そして、人が自由に目的を自己決定する自律を取り戻すためには、目的追求的でない「どこか美でありあり善であるような」無償の行為をもっと重視すべきだと説いています。科学技術の進歩した現代の社会では、テクノロジーによって私たちはより大きな幸福感を得られるはずであったのに、利益獲得のために効率化をはかる道具の開発やビジネス化によって、人々の自律が損なわれたとイリイチは指摘します。どういうことかというと、例えば、景色を見るのが好きな人がいるとします。美しい景色を見ると、また別の景色も見たくなってあちこち出かけているうちに、視力が改善しました。景色を美しいと感じること自体がその人にとっては喜びなのですが、景色を見るのが視力改善になると知った専門家が、視力アップのトレーニングのために景色を見るのを機械化し、ビジネス化したらどうなるでしょうか。目的は視力改善で、景色を見るのが手段になってしまうので、純粋に景色を見る楽しさが失われてしまいます。効果がすぐに感じられなければ、そ

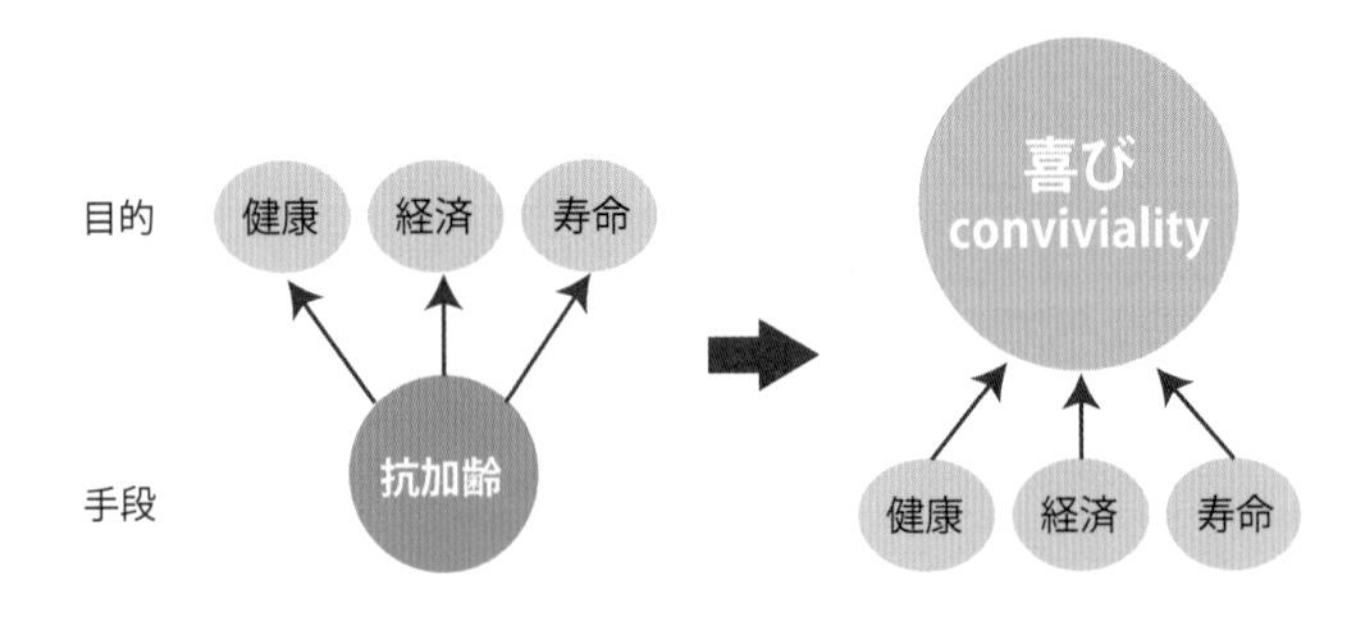

図１　喜びへの価値転換

の人は景色を見るのをやめてしまうかもしれません。

こうした人間本来の目的が手段化している現代社会では、科学技術による効率化ががかえって、人間の感動やときめきの感度を鈍らせることになったといわれます。

イリイチは、「科学技術が人間の本来性を損なうことなく、他者や自然との関係性の中で活用され、創造性を最大限発揮させていく社会の実現」を「コンビビアリティ（Conviviality）：自立共生」とよび、相互依存の関係性の中で個々人が自律的であることで、創造性を発揮して主体的な生活者として生きることができる、としました（キーワード①：コンビビアリティ）。景色を見たい人には、景色を見ることを助ける

KeyWord ❶ **コンビビアリティ** Conviviality

20世紀の思想家、イバン・イリイチが提唱した概念で、自立共生や共愉と訳されます。語源は、con（共に with）L. vivere（生きる to live）であり、自立した存在がいきいきと共に関わり合う躍動や活気を現す言葉として、コンビビアルという言葉が用いられます。人間とテクノロジーのあるべき姿を説いたイリイチは、機械やテクノロジー、学校や病院などの制度を道具に見立て、本来は人間のためにつくられた道具が、産業主義社会の中で人を支配し奴隷化していると批判しました。道具の過剰な効率性を制限し、人が真の自律を回復するために、サブシステンス（物質的精神的基盤）の重要性が強調されています。

道具をつくり、人と話をしたい人には、道具を使って話しやすくする。一人ひとりに違う個別の目的に関心を払い、人の意欲を高め、それぞれの目的追求を助けるためにテクノロジーを役立てる、人と道具のあり方です。

コンビビアリティは「共愉」とも訳される、美しさや喜びを含んだ概念です。「楽しいね」「おいしいね」と喜びを感じて共に生きる社会に居場所を感じるとともに、明日への意欲がわいてきます。喜びや楽しさのポジティブな情動は、思考や行動の範囲を広げ、新しい考え方や行動変容を起こす創造性を生み出すのです。

食は人と人とをつなぐパワフルなソーシャルメディア

このような関わりを生み出す場として、本書で提案するのが「シェアダイニング」です。シェアダイニングは、商業施設や公共施設、またはオンライン空間の中に設置されたパブリックキッチンです。そこでは人が集まり、自由に調理や食事をすることができ、食にまつわる体験を他者と共有することができます。

私たちが「食」に注目した理由は、食は人と人とをつなぐ最もパワフルなソーシャルメディアだからです。食材を選ぶ、調理する、食べるといった食行動は、人間の根源的な欲求を満たす行為であり、楽しさや満足の源です。そして他者と共に食事をすることを通して、私たちは集団を形成し、そのきずなを強くしてきました。食べながら他の人と会話をすると、相手に親しみを感じ、グループの一体感が高まります。食べること以外にも食行動で重要なのは、料理です。料理は日常的な活動でありながら、おいしく食べるために想像力をはたらかせて工夫するクリエイティブな活動です。創造活動にも絵画や編み物などいろいろありますが、特に料理は、つくる目的が明確で、自分でつくったものをすぐに食べて出来栄えを確かめられるので、誰もが楽しみやすい活動といえます。さらに、複数の人が一緒に料理をする時には、何をつくるのか、何のためにつくるのか、といった作業の目的を共有しやすいので、助け合いなどの協力が起こりやすくなります。料理をする人が誰か一人という場合でも、同じ場所にいる人たちが、一生懸命につくっている人を見ているだけで、なんとなくその場に一体感が生まれるのも、料理のいいところでしょう。

最近では、マンションの共有スペースや宿泊施設、職場、スポーツクラブなどに共同の調理場を置く所も増えています。ただ現実には、高齢者を中心に、家庭や地域で共に料理をする機会は減少しています。若い世代でも、親や祖父母と同じキッチンに立って料理をする風景は、テレビCMの中だけで見る幻想になりつつあるのが現状です。

子どもと高齢者の両世代における孤食の問題は深刻です。子どもの孤食は、食の知識や伝統を受け継ぐ機会の減少から、社会性の発達に悪影響を及ぼすことが懸念されています。高齢者の孤食は食への意欲の低下や低栄養をもたらし、それが心身のフレイルやロコモティブ症候群、そして寝たきりの状態になる負の連鎖につながります。

世代や領域の違いで分断された人たちの心身の健全な発達を促すうえでも、食の楽しさを媒介に人がつながる、シェアダイニングの役割は大きいといえます。

シェアダイニングのある風景

ここで、コミュニティの中にシェアダイニングがある風景を想像してみましょう。

食材を持ち寄って、誰でも調理や食事を楽しむことができる場所。そこには、「おいしいものを食べたい！」という欲求を接着剤に、子どもから高齢者まで、さまざまな年代の人たちがやってきます。買い物のついでに一人でふらりと立ち寄り、大きなキッチンテーブルで豪快に腕を振るうのもいいし、隣の人の料理をチラリと見てつくり方を真似するのもいいでしょう。大勢でワイワイ料理したい人はもちろん、「私は一人でいるのが気楽だから」という人も、料理をつくる集団の中にいて、気配を感じているだけで一人ではなくなります。野菜を切ったり、お皿を並べたり……、自分がその場にいることが、全体のにぎわいに貢献していることに気づくのを、シェアダイニングの道具がアシストします。

「おいしいね」「楽しいね」と喜んで目配せできる人がいたら、にぎわいはさらに活気づきます。共につくる感動を分かち合うつながりの中に、喜びが宿っています。一度その喜びに触れた人は、またこの場に戻ってきたくなります。そして何度も繰り返しシェアダイニングにやってきて食事をしているうちに、いつの間にか「私」から「私たち」へとつながりが広がっていきます。

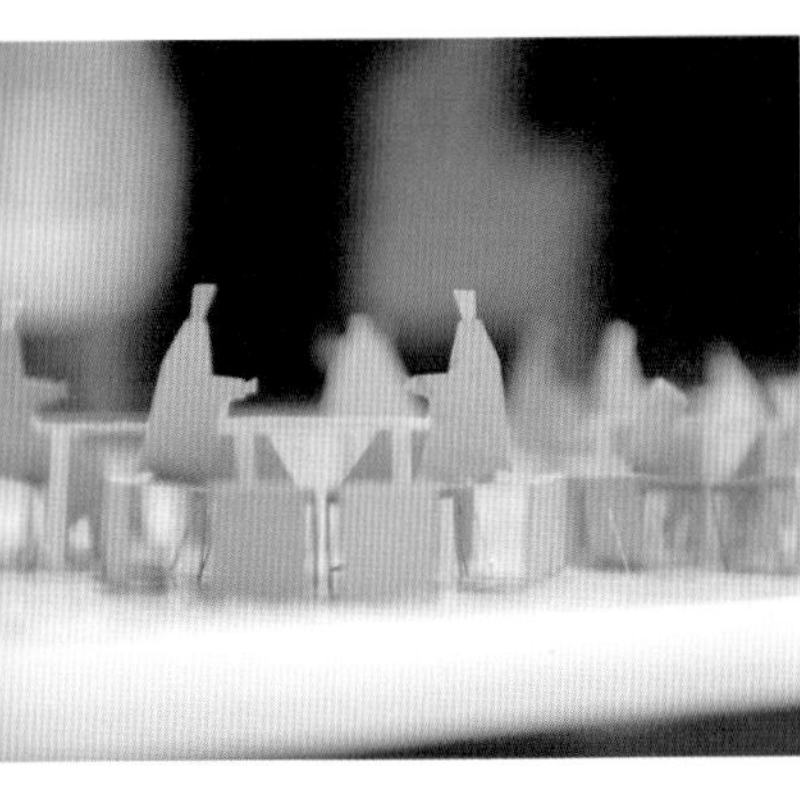

シェアダイニングのシェアとは

「シェアダイニングでは、何をシェアするの？」と、聞かれることがあります。一言で答えるとすれば、シェアダイニングのシェアは、人がそれぞれにもっている力を発揮することができる、公正なチャンスの共有です。

シェアダイニングでは、これまでの食の分配とは異なる視点から、食のシェアを考えています。人間は誰もが等しく「想像力とエネルギー」という資源を配分されていると、コンビビアリティを提唱したイリイチはいいます。この考えからは、個人はそれぞれに力をもちながらも、弱く不完全な存在なので、社会の課題や個人的な問題に向き合うためには、個人が他の存在と力を寄せ合う、集合的なアプローチが必要になります。誰もが作り手になれる可能性を信じ、互いに期待を寄せ合う集団の中で、個人が小さな自信を育み、意欲を高めて自ら行動する。そういう機会が均等に共有される場で、人々の関わり合いが活性化し、集合的な創造性が発揮されてつながりが生まれます。

シェアダイニングに集まる人たちの目の前にある目的は、「おいしく食事をすること」です。この目的をプロの料理人に委ねてしまうと、確かにおいしいご飯は食べられるかもしれませんが、創造する喜びはあまり大きくなりません。シェアダイニングが、つながりを生む食の場であるために、その場が健康や栄養だけでなく、創造する喜びを分かち合い、自己を超えて他者と出会うチャンスに満ちている必要があります。

コンビビアリティを実現する個人の意志

シェアダイニングでは、決められたレシピも、守るべき手順もありません。そこに集う人たちが自由に好きな料理をつくり、お互いに力を合わせる行動が起こる場です。ここで何をしたいのかを選択して決めるのは参加者に委ねられています。同時に、参加する人は、自分の意思決定や行動に責任を負っています。しかし、シェアダイニングでの料理や食事には決まった正解がないので、自由にふるまい、その結果を誰かに評価されることもありません。こうした自分が何をしたいのかを選んで決める自己決定権が公正にシェアされている場で高まるのが、個人の意欲です。人の意欲はモノゴトに対する興味や関心によって行動を起こし達成感や満足感を得たいという、人の内面にわき起こるモチベーションの源です。人が決めた評価や報酬のためよりも、自分がやりたいと思って決めた目的であれば、困難があってもあきらめずに、目の前の状況に向き合い、忍耐強く挑戦し続けることができます。また自分で決めた目的なので、うまくいかなければ柔軟に目的を見直すことができるでしょう。

自己決定を促すのに道具が役立てられます。ある空間に入ると、そこにあるモノを使って参加する意欲が自然にわいてくることがあります。例えば、シェアダイニングのテーブル（3章）は、自分で動かすことができ、料理をする位置を好きなように選ぶことができます。そのことに気づいた参加者は、場に慣れてくると机の配置を変えて、自分たちで居心地のよい空間をつくり始めます。

コンビビアリティを実現する集団の効力感

道具が個人の意志と集団の目的追求のために使われる社会では、人は意欲を高めて行動を起こし、目的追求を支え合う関わり合いがいきいきとします。その関わりの中で「私たちなら」「この道具があれば、きっとできる」と思う、集団の信頼が育まれます。

イリイチのコンビビアルの概念の根底には、人間には等しく生きがいを追求する力が配分されていて、その力を発揮するチャンスを共有する時に、関わりがいきいきとする、という考えがあります。そうした社会では、能力を「獲得」することよりも、個人がもてる力を最大限に発揮して、力を寄せる「関与」が大切だとされます。

一人ひとりが個別の欲求をもっていて、それを満たす喜びを他の人と共有する。その喜びを共通の目標にすると、加齢によって心身機能が衰えた人も、社会的に立場の弱い人も、集団の喜びには欠かせない存在になります。なぜなら、その人の抱える弱さや不自由さが、かえって周りの人の潜在的な優しさや貢献を引き出し、集団のきずなを深め、強めることになるからです。

心理学者のアルバート・バンデューラは、『激動社会の中の自己効力』(Self-efficacy: the exercise of control, 1997)＊の中で、私たちが変化に適応して生きる喜びを得るには、セルフを超えた「集団の効力

KeyWord ❷

集団の効力感 Collective efficacy

自分自身を価値ある存在だと思うのが自尊感情であるのに対し、自己効力感は自分のもつ力を信じて「やればできる」と思うことをいいます。一人では越えるのが難しい困難な事態に対し、個人から集団に視点を移し、他者と目標を共有して力を合わせる協同で改善できる可能性を信じる気持ちが集団の効力感です。集団の効力感の高さは、自分一人ではどうしようもない困難にも耐える力や、希望を失わずに努力し続ける前向きな姿勢に関係します。

感＝コレクティブ・エフィカシー」に目を向ける必要があると言っています（キーワード②：集団の効力感）。

自己効力感は、行動を起こす時に、どのような結果を生み出すのか、そのために必要な行動をどの程度できるかという期待のことをいいます。自分がやりたいと思っている課題の実現可能性について、「ここまでできる」「ここまでやればできる」と評価する、結果への期待感です。効力感が高いと、課題の達成率は高まりやすく、目標に対する行動を起こして挑戦し、その努力する行動が続く傾向があります。この「私ならできる」という自己効力感を、「私たちならできる」と集団全体に拡張するのが、集団の効力感です（図2）。

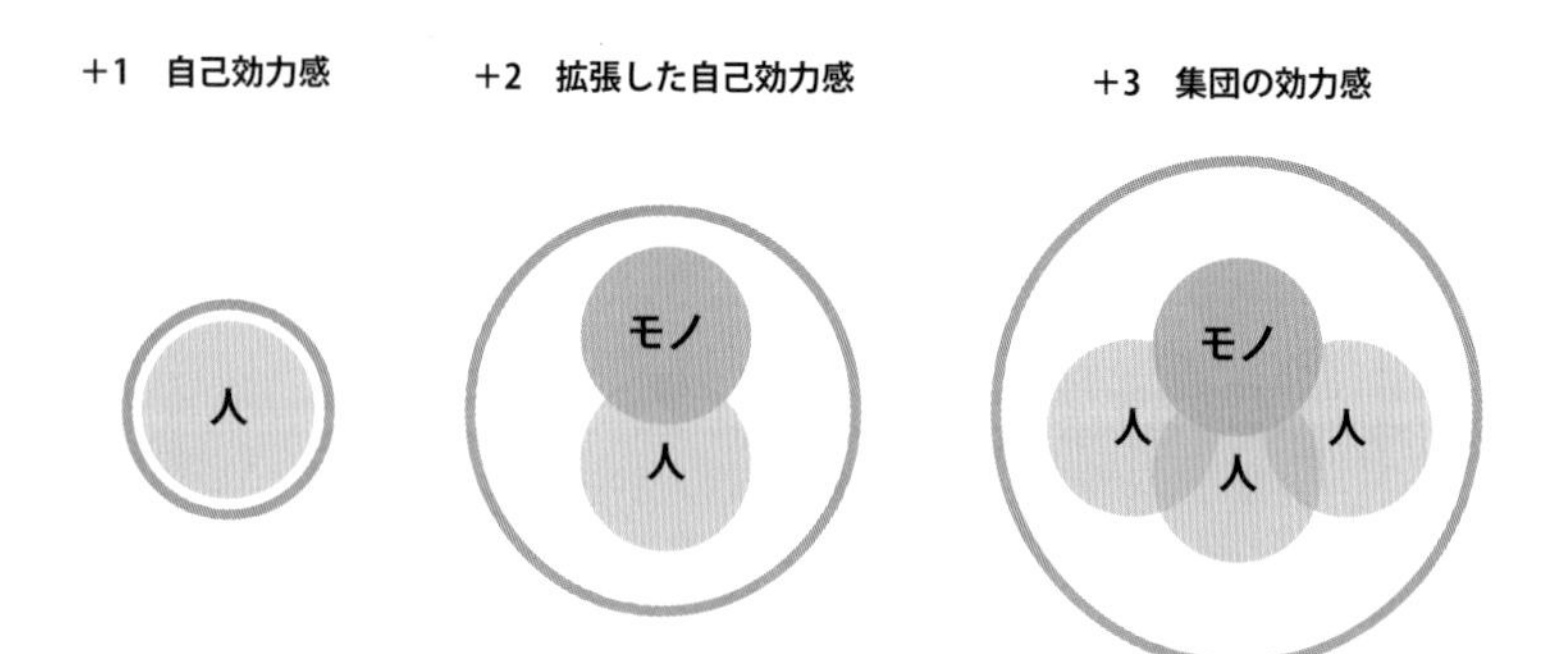

＋1　関係性を含まない己の効力の評価
＋2　モノとの関わりを含めた効力の評価
＋3　モノを介した人との関係性に表れる効力の評価

図2　シェアダイニングでの人とモノとの関係性

私たちは、一人でできることの限界に直面すると、他の人や道具の力を借りて、なんとかうまくできるように工夫します。人や道具と力を合わせて試行錯誤する新しい関係性の中で、次第に「私たちならきっと大丈夫」と集団の力を信頼する、集団の効力感が立ち現れます。集団の効力感の重要性は、人々のよりよい生活をつくり出す地域や世界の安心の基盤として認識されています。

個を超えてつながりを体験する場

ここで改めて、どうすれば、大きく変化する状況の中で、つながりを感じ続けて生きられるのでしょうか。その問いに対して、個を超えることでつながりを見出す可能性が、生涯発達の研究から示されています。

「個を超えたつながり」というと抽象的なのですが、私たちはその感覚を、小さな子どもの頃から何度も繰り返し体験しています。例えば、抱っこされた赤ちゃんは、大人の温かい腕を通じて世界が優しく温かいものだと感じ取ります。それは、自分と大人の腕との間に生まれた身体的な感覚から、周囲の世界を無意識に理解する体験といえます。

遊びなどの日々の営みには、思いどおりにいかないことや、できていたことがうまくできないなど、大小さまざまな痛みが伴います。そうした痛みを通して自分の限界に気づくと、自分を手放して外の世界との関わりで信頼を取り戻そうと試行錯誤します。遊びや学びなどの日常で、自分を超える営みを繰り返して信頼や希望の力が育まれます。

物理的なモノゴトに注意を向けているうちは、どうしても実態のない見えない存在には気づかずに、意識されないことがほとんどです。しかし、長い人生の中で何度も現実的な不信に出合い、新しいつながりを結び直す過程を繰り返すうちに、今この世に存在していること自体が稀で「有り難い」ことに受けとめられて、無限のつながりに真実を見出す自己超越の発達が進みます。高齢者だからそうなるとはいえないのですが、年齢の高い人に比較的、「ありがたい」と感謝を口にする人が多いのは、現実にない存在とのつながりを実感として意識されているからだといえます。

自己超越の次元を行き来する人と活動を共にすると、「こんなところにつながりがあったのか」と気づかせてくれることがあります。老いた人と共にいることの価値は、真のつながりを意識する知恵を、若い人たちに伝えてくれることだと思います。物理的なモノゴトとの関係性や、己を超えた存在とのつながりは、老年学や心理学の科学的探究の対象であると同時に、私たちが身体で実感する体験から捉えるしかない、という二面性があります。広辞苑によると、体験は自分が身をもって経験すること。経験は、人間が相互作用の過程を意識化して自分のものとすることとあります。見えないつながりを自分の中にもち続けるために、つながりを体験する場が必要です。

コンビビアルな場づくりのための8つのガイドライン

これまで述べてきた、つながりを創造する喜びにあふれたコンビビアルな場づくりに大切なことは、次の8つのガイドライン（図3）にまとめることができます。

これからの2章と3章では、このシェアダイニングの8つのガイドラインに沿った、シェアダイニング環境の空間・道具・活動のデザインと、それらの開発プロセスを紹介します。

01　多様な選択がある
02　それぞれの違いがわかる
03　モノを使って参加する行為が起きる
04　ひとりでできないことがある
05　実態として情報に触れる
06　みんなの中にいるという安心感がある
07　喜びがみんなに伝わるしくみがある
08　振り返ってそれぞれの貢献がわかる

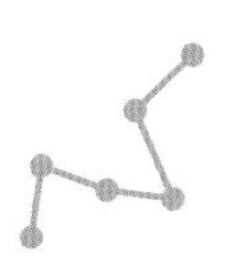

図3　シェアダイニングの場づくりのガイドライン

*イバン・イリイチ著、デイヴィッド・ケイリー編（臼井隆一郎訳）2006『生きる希望：イバン・イリイチの遺言』藤原書房

*イヴァン・イリイチ（渡辺京二・渡辺梨佐訳）2015『コンヴィヴィアリティのための道具』ちくま学芸文庫

*アルバート・バンデューラ編（本明寛・野口京子監訳）1997『激動社会の中の自己効力』金子書房

老人ホームにおける「食べる」の意味

福田 亮子
株式会社ベネッセスタイルケア ベネッセ シニア・介護研究所 主任研究員

老人ホームの生活において、「食べる」ことはさまざまな意味を持っています。生きるためのエネルギーを得るということはもちろん、それによってさまざまな刺激を受けることもありますし、他のご入居者と一緒に食べることで社会性の維持にもつながります。そのため、ご入居者が美味しく楽しく食事できるよう、老人ホームではさまざまな取り組みが行われています。

栄養摂取という面では、できるだけ口から食べられることが大切です。咀嚼機能や嚥下機能が低下して通常の食事を摂るのが難しい場合は、一口大にしたものや細かく刻んだもの、さらにはムース状やペースト状など、個々人に合った食形態で食事を提供しています。軟らかいものでも見た目にも「美味しい」と感じられるよう、できるだけ元の見た目に近い盛り付けになるような工夫もしています。

食べることによる刺激としては、たとえば旬の食材によって季節を感じることや、懐かしい食べ物で昔を思い出すことなどがあります。ご入居者同士、郷土料理の話題などで盛り上がることもしばしばです。シェフが老人ホームに来て、揚げたての天ぷらや握りたてのお寿司、フルコースなどがふるまわれれば、食は「イベント」になります。このような工夫は、日々の生活に彩りを添えます。

「みんなで食べる」ことがいつもできるのは、老人ホームの特徴です。同じテーブルのご入居者と「美味しいね」と言いながら食べることで食事の楽しみが増しますし、さらに言葉を交わすことで仲の良いお仲間となることも多々あります。食事の前後でテーブル拭きや配膳・下膳、お茶の準備などをご入居者同士でしているホームでは、「役割」も生まれます。人とのつながりとその中での役割分担によって、社会性が維持されます。

さらに、料理をアクティビティとして実施しているホームもあります。料理は、献立を考え、材料を選び、調理をするという極めて複雑な作業工程からなり、諸機能の維持にもつながると考えられます。機能低下のある方が包丁を握るのは、職員にとっては勇気のいることではありますが、アセスメント結果に基づき「料理をしたい」という意欲を安全に行動に結びつける方法を工夫することで、ご入居者は満足感や達成感を味わい、とびきりの笑顔を見せられます。

ひとりではなく誰かと一緒に「食」に関する行動をすれば、お互いが自分の得意なことを活かし、他の人の不得手なことをカバーすることができます。他の人に助けてもらうことが増えている人でも、作ってもらったお料理を一緒に食べて「美味しい」と喜ぶことで、料理した人の喜びにつながります。老人ホームでは、テクノロジーを活用せずともすでにシェアダイニングを実践しているともいえるでしょう。今後、テクノロジーを駆使したシェアダイニングが、老人ホーム内のご入居者同士だけでなく、地域の人や、離れて暮らす家族や親類、友人をもつなぐツールとなり、誰もが誰かのために何かをしながら「その方らしく」生きていけるようになることを願ってやみません。

社会インフラとしてのシェアダイニングの意義と可能性

紀伊 信之
株式会社日本総研　リサーチ・コンサルティング部門

厚生労働省や各市町村が介護予防の重要な手段の一つとして位置付けているのが「介護予防に資する住民主体の通いの場（以下、「通いの場」）」です。これまで一貫してその数は増えてきましたが、新型コロナウイルスの感染拡大により、活動休止を余儀なくされたところも多く、令和2年度の調査では実施箇所数が減少しています。それでも、全国11万3882箇所で活動が行われ、188万4745人（65歳以上の高齢者人口の5・3％）が「通いの場」に参加しています。活動内容として最も多いのは、「体操（運動）」です。一部、「会食」を主たる活動としているところもありますが、まだ主要な動きにはなっていません。しかし、これからのポスト／Withコロナの時代においては、以下の理由から、「誰かと一緒に楽しくご飯を食べる」という「シェアダイニング」が社会インフラとして拡がっていくことが期待されます。一つには「食べる」という行為自体が、万人が持つ根源的なニーズ・活動だという点です。政府は「通いの場」の参加率を令和7年までに5％から8％に引き上げることを目標にしていますが、これまでも参加率の向上が課題になってきました。「体操（運動）」は介護予防への効果は高いものの、残念ながら「運動が嫌い」という人も少なくないのが実態です。「趣味活動」には、運動とは違った層が参加してくれる可能性がありますが、趣味の「中身」によって興味・関心を持つ層が異なります。ライフスタイルの多様な団塊世代が高齢化していく中では、一定のバリエーションが必要になる、という課題がありそうです。その点、「食」はとてもユニバーサルな活動で、万人が参加し得るものです。

　第二に、誰かと一緒に食事をするということは、心身にとても良い影響があるという点です。フレイル予防に、社会参加、栄養、運動が重要だということが知られていますが、65歳以上男性の12・4%、女性の20・7%は低栄養傾向（BMI≦20kg/㎡）にあることがわかっています[1]。シェアダイニングはこの低栄養問題への一つの対策になるでしょう。また、単に食事をとればいいのではなく、「誰かと一緒に」という点が重要であり、この点からもシェアダイニングの意義は大きいと言えます。

主な活動内容別の通いの場の箇所数

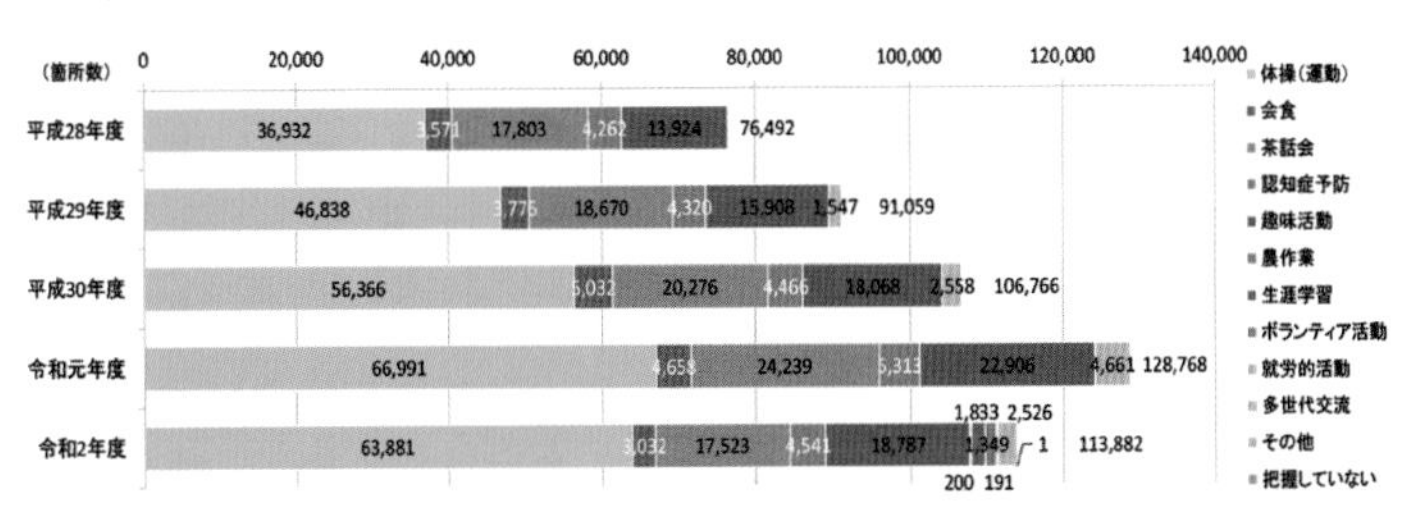

※1　令和２年度については、主なもの上位２つまでのうち１つめ

出典）厚生労働省老健局老人保健課「介護予防・日常生活支援総合事業等（地域支援事業）の実施状況（令和２年度実施分）に関する調査結果（概要）」

ひとり暮らしの男性は、誰かと一緒に食べる場合に比べ孤食は約2・7倍うつになりやすく、女性は誰かと同居、ひとり暮らしの場合も、孤食は約1・4倍うつになりやすいという結果が出ています。[2] また、名古屋大学の研究では、一人で食事をするときでも、誰かが話しているのを聞きながらのほうが、話し声がないときよりも、おいしく感じることが明らかになっています。[3]「話をしながら、誰かと一緒に食事をする」ことは、介護予防や健康増進につながるだけではなく、そのこと自体がwell-beingにつながる活動だと言えるでしょう。

　加えて、大きな装置や、専門的な指導者などを必要とせず、ショッピングモール、公民館、介護施設など、様々な場所で実行できる点も、今後の成長が期待できるポイントです。現在、オンライン上でのシェアダイニングへのチャレンジが行われていますが、これが普及すれば、仮に外出が困難となっても人生の最期まで誰かとつながり続けられる社会が現実のものとなるかもしれません。

　こうしたシェアダイニングの価値や意義が、全国の自治体職員や地域住民の方々にも理解され、well-being あふれる超高齢社会に欠かせない社会インフラの一つとして普及していくことを期待したいと思います。

1　厚生労働省（2020）「令和元年度　国民健康・栄養調査の結果」
2　谷 友香子（東京大学大学院医学系研究科）（2015）JAGES Press Release No: 061-15-06
3　Kawai, N., Guo, Z., Nakata, R.（2021）「A human voice, but not human visual image makes people perceive food to taste better and to eat more: “social” facilitation of eating in a digital media」

02

離れていてもシェアダイニング

同じ場所に人が集まり食事を共にする、対面のシェアダイニングが、新型コロナウイルス感染症拡大の影響でできなくなりました。コロナ禍以前にも、移動手段や体力の低下などの理由で、高齢者が社会参加できない問題や、家族の生活する時間の違いから、子どもが一人でご飯を食べる孤食の問題がありました。そこで、離れていても同じ空間にいるような感覚で、複数の人と共に料理や食事ができるにはどうすればいいのかを考えて実践したのが、リモートの拡張シェアダイニングです。地域の高齢者グループと自宅のキッチンを簡単な装置でつないだリモートの食事会から始まり、拡張シェアダイニングとして、オンラインの環境でつながりを体験できる空間や活動、道具をデザインして実施するまでの道のりをこの2章で紹介します。

リモートシェアダイニングの実践❶：自宅のキッチンが世界とつながる窓になる

今年になってリモートプログラムの料理の会が発足し参加しています。

従来、料理には食べること以外一切かかわっていなかったので大変驚きました。他のメンバーはもちろんベテランぞろいで不安でしたが、皆さんに温かく接してもらいながら現在に至っています。

オンラインだからこそ、画面越しに呼びかけられてドキッとする。だけどうれしい。参加して名前を呼ばれて、つくったものを評価してもらう。これだけ孤独から救われることはありません。思った以上に参加者のつながりを感じ、会を重ねるごとに自分の変化と孤立感が払われて皆さんとのつながりに楽しみが生まれました。終わった後で写真を見て、こんな楽しそうな場に、自分もいることにうれしくなります。

大学のある京都府南部で、リモートシェアダイニングが始まりました。右のメッセージは、開始から半年たった頃の会報に寄せられたメンバーからの感想です。

リモートシェアダイニングの発足は、私たちの研究室で毎年行っている生きがい創造の心理プログラムに参加したメンバー6人が、プログラムが終了した後も「引き続きグループで集まりましょう」ということになり、その企画としてシェアダイニングを提案したのがきっかけです。2021年の春のことで、新型コロナ予防対策の長期化のために対面で食事をするのは難しい時期でした。グループの平均年齢が72歳と高齢だったこともあり、感染リスクを避けて会合をリモートで行うことになりました。メンバーはそれまでに、定期的にオンラインの会議システムを用いて生きがい創造のプログラムに参加してきた経験があったので、リモートシェアダイニングの提案には前向きな反応でした。グループ名は、会議システムの名前にちなんで「ZOOM6(ズームシックス)」です。リモートシェアダイニングを実施するにあたり、手元を映すカメラやスタンドなどの機器は必要に応じて貸し出します。メニューは、メンバー同士の話し合いで決まります。

1回目のメニューは、牛乳パックでつくる季節の和菓子「水無月」。小麦粉と砂糖、甘納豆を水に溶かして固めるだけのお手軽料理です。メンバーの中には料理経験のない人もいましたが、カメラの画角の外にお皿を移すと、失敗しても他の人に見られることはありません。食材を大写しにしたり写真を撮ったりするのにオンラインの機能が便利で、リモートなのがかえってよかった部分もありました。そして翌月の7月には「ナスと素麺」、8月は「ゴーヤチャンプルー」、その後も「月見団子」「カボチャ料理」と、ZOOM6のリモートシェアダイニングは続きます。

リモートシェアダイニングの実践❷：つながるって愛だ

リモートシェアダイニングの8月のメニューは、ゴーヤチャンプルー。

暑い夏のお昼時にZOOM6のメンバーと学生を交えた料理の会が始まりました。開始時にはにぎやかに世間話をしていた声が、料理に取りかかると徐々にやんで静かになりました。そして全員が黙々とゴーヤを洗ったり、切ったりするのに忙しく手を動かしています。
しばらくすると、スライスしたゴーヤを混ぜるザクザクという音がオンライン越しに聞こえてきます。音の出所は、当日の進行役をつとめる男性の米田さん(仮名)です。米田さんは、毎日、家族の食事をつくられているというベテランで、当日の材料や参考にするレシピも、事前にグループLINEで送ってくれていました。

米田さんのキッチンから聞こえるゴーヤを揉む音に気づいた伊豆さん(仮名)が、「米田さん、ゴーヤに混ぜているのは何ですか?」と声をかけます。すると、全員が顔を上げて画面をのぞき込み、米田さんの手元に注目しました。「砂糖です。塩と砂糖をゴーヤに加えて揉むと、苦味が和らぎますよ」と、米田さんの表情は笑顔です。そして料理を続けながら、「ゴーヤは鹿児島の地場野菜って知っていますか? 亡くなった妻の故郷が鹿児島で、夏になるとよくチャンプルーをつくってくれました」と話されました。

この時のゴーヤチャンプルーの味は、砂糖のおかげで苦味はとれたはずですが、ご夫婦の愛が感じられるゴーヤにまつわる物語から、少しほろ苦く感じられました。おそらくその場にいた他のメンバーも米田さんの気持ちに思いを寄せて、同じような感覚をもたれたのではないでしょうか。

喜びの共感を促す共同注意

この日に体験したゴーヤの苦味を通じた感動の共有は、あえて言葉にするとすれば、共同注意という発達の考え方で説明することができます（キーワード③：共同注意）。

共同注意は、同じ場所にいる人が、他の人と同じようにモノゴトや人に対して注意を向けることをいいます。興味関心の共有を通して、相手の思考や感情を推測し理解しようとする他者理解が進むので、共同注意は共感を育む発達において重要とされています。

例えば、ゴーヤに砂糖をふって下ごしらえをする米田さんの音に気づいた人がいるように、相手の視線の先にある対象に注意を向ける共同注意は、米田さんの意図や行為の意味を知りたいと思う好奇心と関連します。この好奇心を満たすのに、米田さんの表情に視線を移して感情を推測したり、「混ぜているのは何ですか？」と質問したりすることで、2人の間に双方向のコミュニケーションが生まれました。その時の米田さんの表情は明るく楽しそうだったので、質問した伊豆さんは、きっとこの行為は「うまくいく」「料理はおいしくなるだろう」という気持ちを米田さんと共有します。こうしたコミュニケーションを経て、完成したゴーヤチャンプルーを一緒に食べると、期待どおりの味であれ、そうでなかったとしても、お互いに「いい感じ」にできたことを喜び合えるというのが、共同注意のはたらきです。

実際のオンライン環境では、調理音が聞こえにくかったり、匂いが相手に届かなかったりして、生身の身体を通した感覚を共有しに

KeyWord ❸

共同注意　Joint attention

自分と他者とが同じ対象（モノ、人、出来事、イメージなど）に注意を向けている状態。さらに他者と自分が同じように、そのモノゴトに注意を向けていると気づいていて、感情や認識を共有している状態（Tomasello, 1999）＊をいいます。共同注意は、他者も自分と同様に意図をもって行動する存在であることの認識を促し、他者の気持ちを理解する他者理解の発達に大きく影響します。子どもの発達だけでなく大人にとっても、共同注意は円滑なコミュニケーションを活性化するうえで重要です。協力して行う作業などの場面で、共同注意による共感を通した他者の意図の推定は、利他的な行動を促す動機づけになります。

＊Tomasello, M. (1999) The Cultural Origins of Human Cognition, Harvard U. P.

くい制限があります。また、実践が終わった後の雑談がしにくいので、活動を振り返って自分がこの場に参加した意味、やりがいや働きがいを感じにくいこともあるでしょう。

このような実践を通した、「こんな道具があったらいいのに」「こうしたら便利じゃないか」というアイデアをもち寄って、リモートの拡張シェアダイニングが更新されていきました。

高齢者がオンライン活用しやすい場のデザイン

リモートシェアダイニングを何度か続けて実践しているうちに、高齢者とオンラインのコミュニティをつくるうえでのいくつかの課題が見えてきました。まずは、デジタル機器を使ってでも繰り返し参加したいと思えるかというモチベーションの問題。そして不慣れなデジタル機器を使う不便さをどのように解消するかの操作の問題。さらには、コミュニティ活動の喜びをリモートでつくり出し、共有できるのかというオンライン上の感情共有の問題です。

高齢者層にもスマートフォンなどのデジタルデバイスの利用者は増えている一方で、その使い方はオンラインショッピングや音声通話など限定的になりがちです。企業や学校ではオンラインコミュニケーションへの移行がコロナ禍の影響で急速に進んだのに対し、高齢者層には双方向のオンラインでの交流は広がりにくいのが現状です。オンラインコミュニケーションが高齢者層に広がらない要因は、これらの問題があるからといえます。

高齢者との多世代交流を研究テーマに掲げる私たちの研究室では、対面で行っていた多世代の学習コミュニティをリモートに移行する効果的な方法を見つけようと試行錯誤していました。

これらの問題に対する手法として用いたのが、ポジティブ心理学や学習環境デザインのアプローチです。そこで重視したのが、場（**①空間・②道具・③活動**）のデザインでした。

① 空間　参加してすぐに全体の目標がわかる：シェアダイニングブース、映像シェアシステム

この場が何のためにあるのか、これから何が起こるのか。そうした全体の目標が、空間に入った瞬間に伝わることが、特にオンラインの空間づくりのポイントになります。空間に入った瞬間に心が動かされて、自然に次の行動が起きている。そんな空間をオンラインの環境で実現するために、視覚情報が伝わりやすいというオンラインのメリットを活かすことができます。シェアダイニングでは、手を動かして作業をするテーブルにみんなの注目が集まるシステムを空間に設置しました。このシステムにより、同じテーブルの上にあるモノを見ながら作業をすることが容易になります。

② 道具　お互いの心の動きが伝わる：心拍変動に連動して照度が変わる装置

私たちは、同じ空間にいる他者の心の動きを、言葉や行動、また身体の反応を通して伝わる情報から感じ取っています。身体全体の動きを確認しにくいオンラインの環境下では、これらの気配ともよばれる行動や身体の変化を感じにくい問題があります。また、対面で直接人と交流する

場面でも、相手の心の動きを感じ取るのは難しいものです。心理学の研究では、人の感動による身体の生理的反応を、血圧の上昇や心拍増加、呼吸数増、唾液分泌量の変化などで把握することがあります。自分や他者の感動による生理的反応をお互いに確認することができる道具を使い、自他の心の動きへの感受性を高めます。

③ 活動 参加した意味や役割に気づくコンパッションの実践：シェアダイニング・アプリケーション

オンラインで料理や食事、会話を楽しむシェアダイニングの空間で、一人ひとりが場に参加した意味、すなわち生きがいや働きがいを感じることができる活動の設計が必要です。そのために、参加者の心の動きの反応を言葉や表情、動作、視線、心拍などの情報から統合的に把握し、場の状態を可視化します。その場の状態のフィードバックを参加者に行うことで、参加者それぞれが自分の行動が場の状態にどのように影響したのかに気づく、メタ認知のはたらきを促します（次頁：キーワード④：メタ認知）。場の状態と個人の行動とをつなぐ文脈的な理解を通して、参加者それぞれが、シェアダイニングに参加して果たした役割や意味に気づいていきいきとする、コンパッション（65頁・キーワード⑤参照）の活動プログラムです。

①
空間

参加してすぐに全体の目標がわかる：シェアダイニングブース、映像シェアシステム

「一座建立」という言葉があります。日本の茶席で、客を招いた亭主と招かれた客とが心を合わせて一つの茶席をつくりあげ、お互いが感動で満たされた時に生まれる一体感を表しています。茶道では、炉の切られた座敷で、釜に湯を沸かし、お茶をたてます。その時、茶席にいる人たちの視線は炉の前で動く亭主の手元に集まります。客は同じ景色を共有しているだけで、亭主の仕草や呼吸のリズムが伝わって、茶室に共感が生まれ、一緒にお茶をたてているかのような感覚を味わいます。

KeyWord ④

メタ認知　Metacognition

メタ認知は、「もう一人の自分」ともよばれ、自分自身や他者の認知を客観的に捉えることをいいます。認知（見る、聞く、書く、読む、考える、感じる、記憶する、思い出す、理解するなど）を客観的に評価して、コントロールをしたり、冷静な判断や行動をしたりすることも含みます。自分から進んで学ぶ自律的な学習や、仕事や料理などの作業における、計画を立てる、到達度を評価する、行動を調整するといった過程が、メタ認知のはたらきにより効果的に進みます。

リモートシェアダイニングのブースは、仮想の2畳半の日本の茶室サイズを模したつくりになっていて、ブース内には、それぞれに調理と食事ができるテーブルトップと、ブース内の映像と音声を取得できるビデオ通信システムが備えられています。一つのブースに一人が入り、ビデオ通信システムに接続すると、身体的な接触をせずに複数の人と同時に調理と食事をすることができます。

2畳半は、国宝茶室の如庵と同じ広さで、日本人にとって、はじめて会う人と親しくなるのに最適な広さとされています。茶席の炉にあたるのが、オンラインの画面上で合成されたテーブルトップです。茶室の「にじり口」のように、90センチ四方のブースの入口から中に入ると、正面のモニターには、離れた場所にいる人の料理する手元と顔が映っています。「何をつくりますか」と聞く時に、手元の食材を見て話しかけると、どんな料理ができるのかイメージがわきやすくなるでしょう。おいしいものをつくるという一つの目標に向かって、共に料理をする。離れていても一座建立のつながりが生まれるのか。シェアダイニングのブースと映像シェアシステムを用いて確かめます。

シェアダイニングブースと映像シェアシステム

シェアダイニングのブースには、離れた場所にいる人がオンラインのシステムを使って同時に調理を協同的に行うことができる映像シェアシステムが備えられています。各ユニットの正面の壁と天井には２種類のウェブカメラが設置されており、壁面カメラは 150 度の広角レンズにより参加者の顔と上半身を映すことができます。４つのユニットから送られる顔と上半身の映像と音声は、ビデオ会議クラウドサービスを介して映像合成システムに送信されます。壁面カメラから送られる４枚の映像と、天井カメラから送られる手元の４枚の映像がメイン映像合成端末に送信され、すべての映像が１つのディスプレイ上で合成されます。合成された映像と音声は、ビデオ会議クラウドサービスを介して各ユニットに再度送信され、参加者にはそれぞれのユニットのディスプレイで合成された映像と音声が表示される仕組みです。

SYSTEM

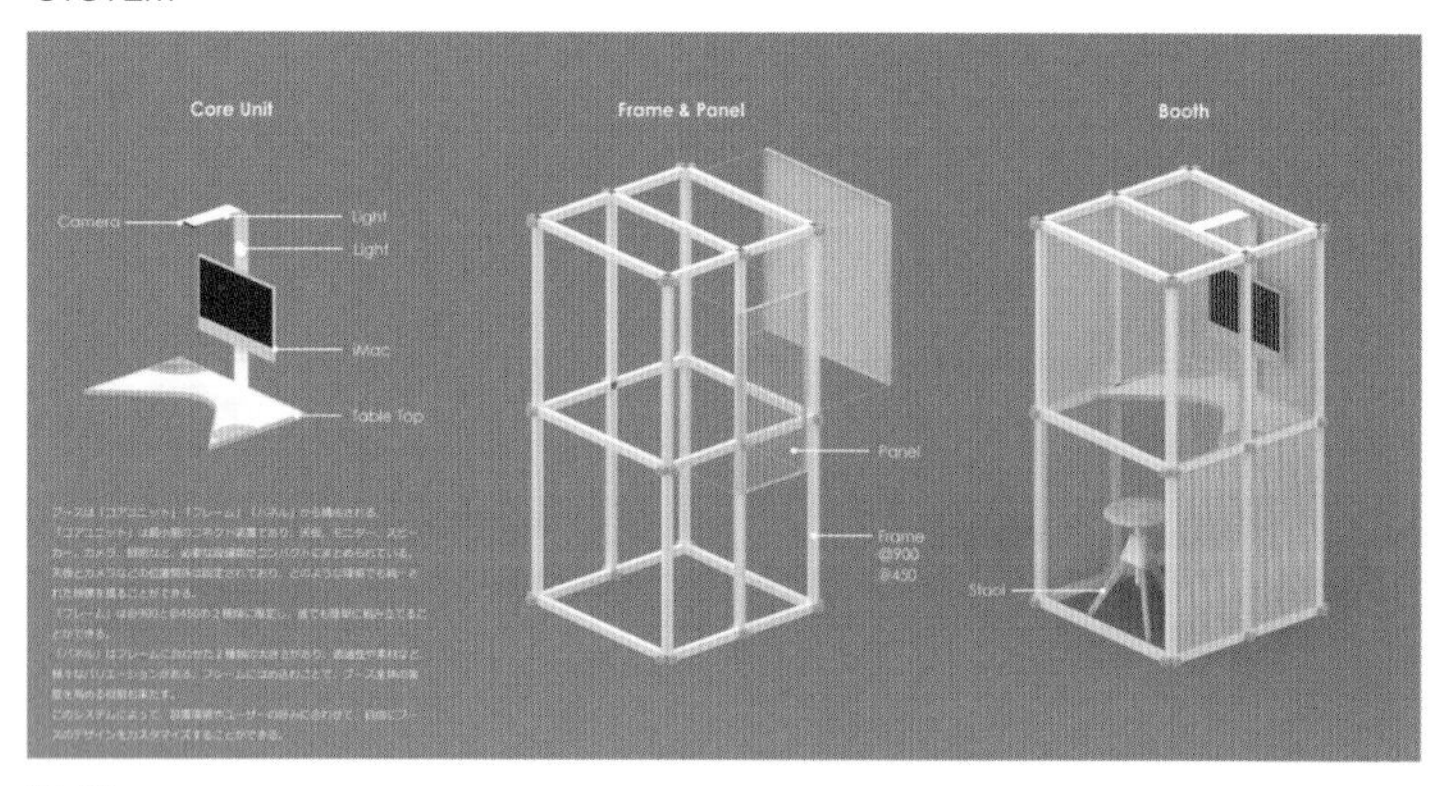

UNIT

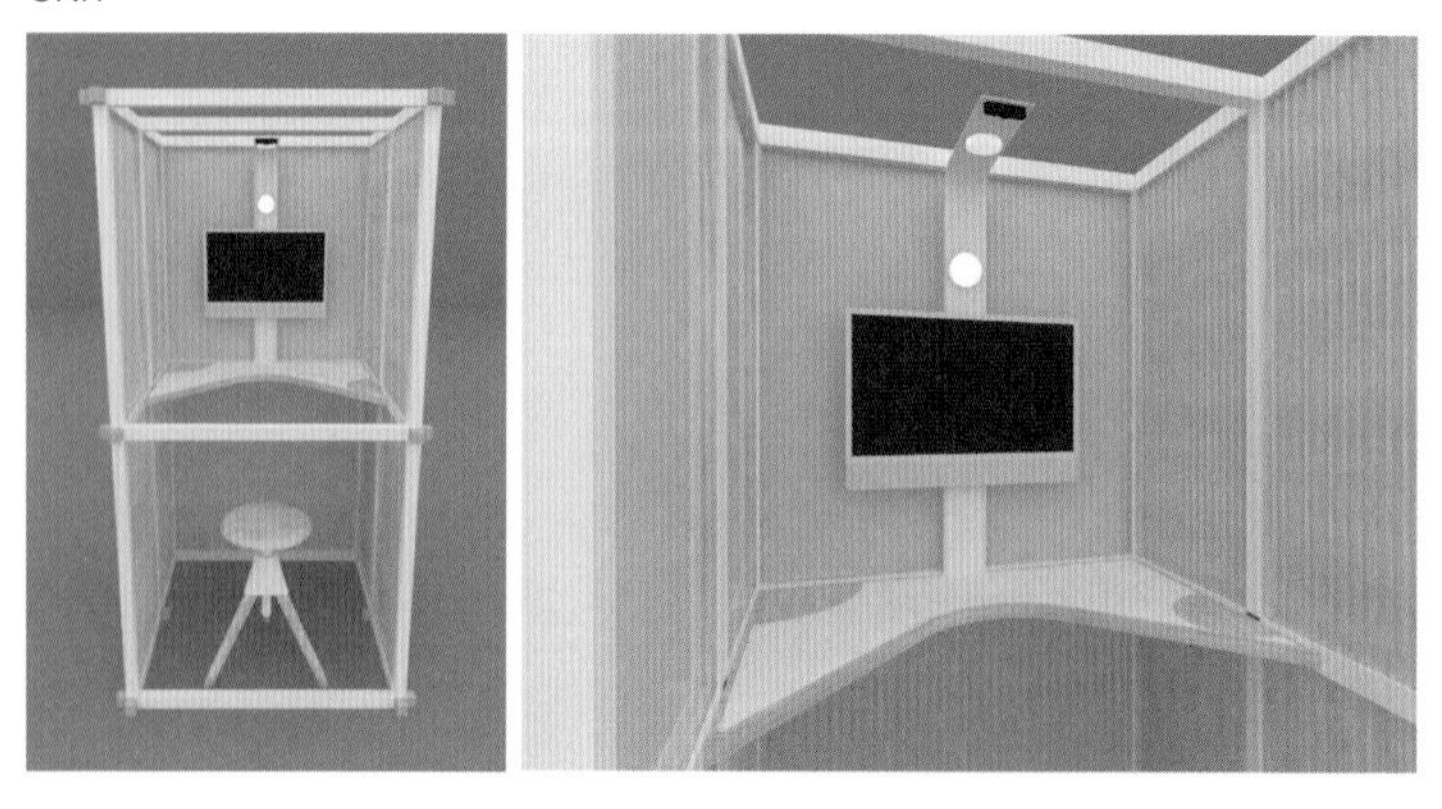

開発：日下菜穂子・上田信行・小堀哲夫・小林洋介・
　　　西田浩二・秋山昌平
設計：小堀哲夫建築設計事務所
設計・制作：株式会社インターオフィス
(特願 2021-177896)

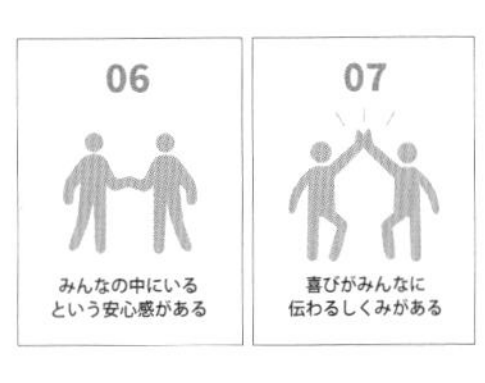

VARIATION

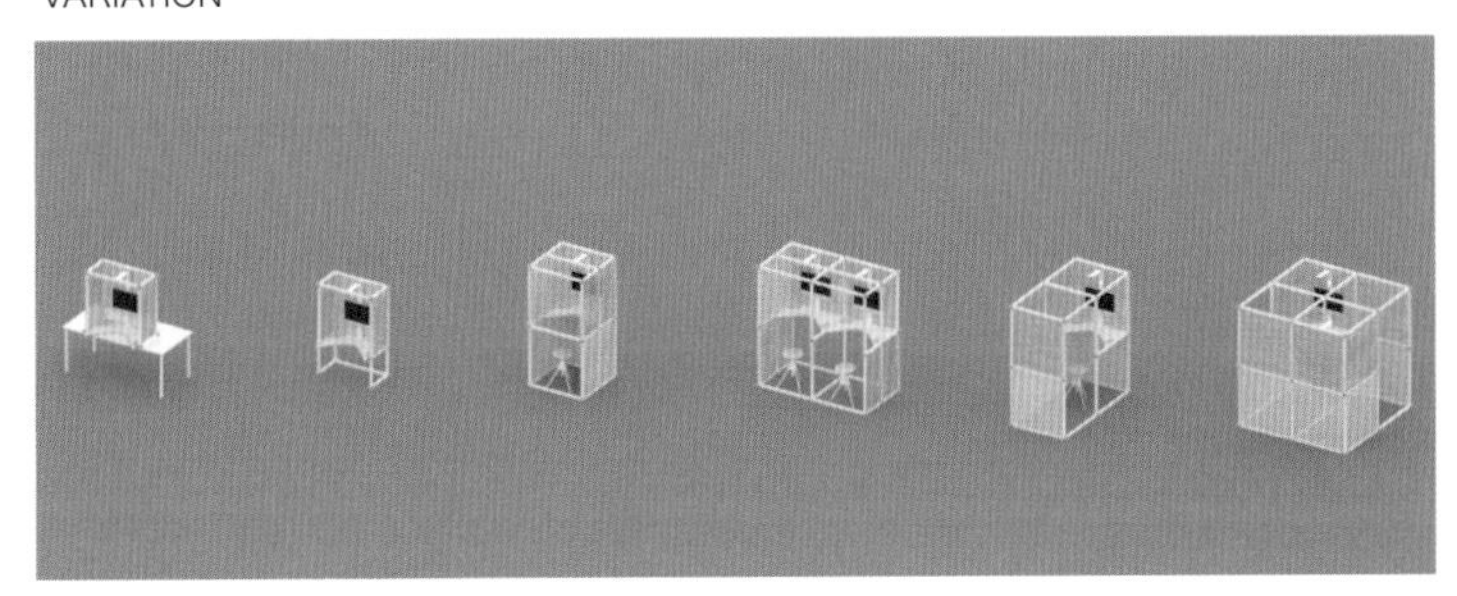

ディスプレイに表示される画面

②道具 自分の喜びがみんなの喜びになる：共感の照明装置

集団の中にいるという感覚をオンラインでどう実感するか。そのために重要になるのが、集団の中で一人ひとりが個別の目的を追求する喜びを感じられることと、その喜びが他の人の共感によって自分の喜びが承認されること、さらには全体の喜びが自分の喜びとして体験されること、この3つの喜びの循環です。

3つの喜びが循環するコンビビアルな場では、お互いの心の動きを気配で感じ取り、その感情に他の人が反応する感情の同調で、徐々に場の全体の感情状態が安定して、一体感が増していきます。

私たちは、相手の心の動きを、表情やちょっとした手の動き、息づかいなどの身体を通して伝わる情報から感じ取っています。直接的な交流の場でも感じ取ることが難しいのが、場の空気ともよばれるお互いの気配です。シェアダイニングの利点は、食事の場と時間と調理を共にすることで、コミュニケーションの根底にある身体感覚の共有体験が多くなる点です。では、オンラインの環境下で、個々の参加者が感じている身体感覚への気づきと共有体験による共感を促すにはどうするといいのでしょうか。

シェアダイニングでは、心の動きを心拍の揺らぎで把握し、それを照明の強さで可視化する「心拍変動に連動して照度が変わる装置」をつくりました。心拍変動については解明されていない部分も多いのですが、料理に手間取る時の焦りや、話しかけられた時の緊張、食べ物を口にした時の満足などの心の動きが、心拍の揺らぎに反映されると考えられます。

装置開発の参考にしたのは、心理療法の手法の一つである心拍変動バイオフィードバックです。心拍の揺らぎを自分自身で確認しながら、自律神経を整えるトレーニングを行うもので、ストレス軽減などに有効とされています。通常のバイオフィードバックでは、心拍などの生理的反応は、その人自身にフィードバックされます。一方、シェアダイニングでは、場のシステムを全体として捉えるので、フィードバックの対象は場に参加する人全員です。全体の心拍変動を照明の強さで可視化し、集団にフィードバックすることで、場の空気ともいえる、全体の感情の動きに注意を向けるしかけです。

心拍変動に連動して照度が変わる装置

心拍変動に連動して照度が変わる装置は、計測した参加者の心拍変動の変動幅を演出に変換し、参加者に視覚的にフィードバックするものです。この装置を用いることで、自分と他者の感情状態への気づきを促し、感情の共有による場の望ましい方向への変化を促します。シェアダイニングでは、場のシステムを全体として捉えるので、フィードバックの対象は場に参加する人全員です。共感の照明装置で場の臨場感が高まるのかが、これからの研究で確認する課題の一つです。

開発：日下菜穂子・荒木英夫・蓮尾英明
制作協力：クリエイティブオルカ株式会社

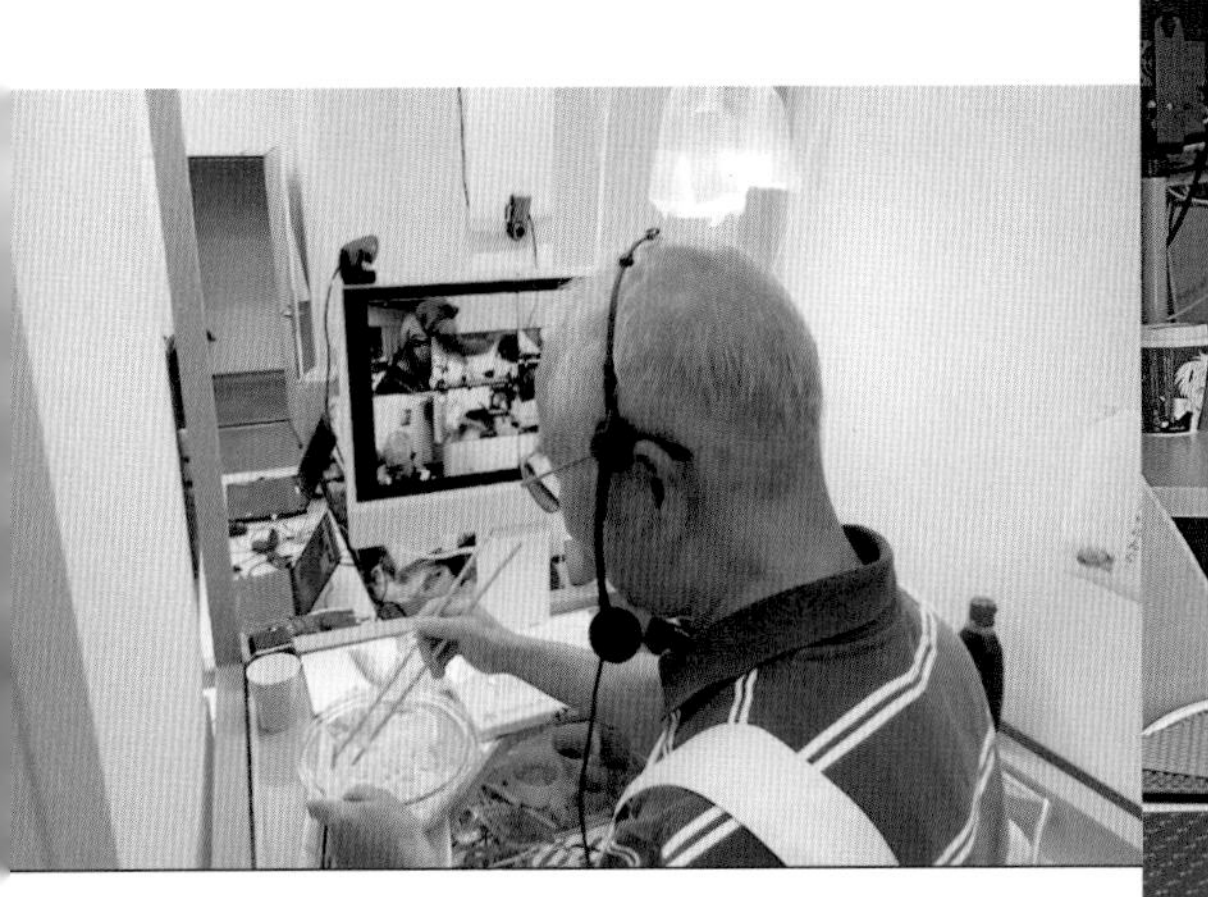

シェアダイニングでの心拍変動のフィードバックの様子

米田

皆さん、ライブはいいですね色んなハプニング、再チャレンジうまくいきました、あら熱を取り　冷蔵庫で冷やすのがポイントでした。
楽しい時間を有り難うございました、

午後 1:22

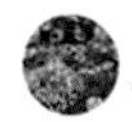

さゆみ

今日はありがとうございました
冷えてくると益々**水無月**らしい味になってきました
もう一度、挑戦してみます
次回よろしくお願いします

午後 1:56

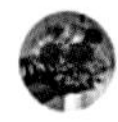

順子

今日は、お疲れ様でした。さっき気がついたのですが、私の失敗は砂糖70gでいいところ、100g入れてました。やはり冷ましたら、それなりに固まり、3時に食べます。

午後 2:11

Okaya

楽しい時間ありがとうございました♪　甘納豆をたくさん買ったので来客の時は冷やす時間を考えて作ります。順子さんありがとうございます。

午後 2:47

さゆみ

順子さんありがとうございました

午後 5:23

伊豆

順子さん・皆さん　今日は楽しく**水無月**を作り、味わうことができました。更に私にもできるレパートリーが増えました。ありがとうございました。

午後 5:28

この場でなら「私もできる」

リモートシェアダイニングは開始から2年目の今も続いていて、ZOOM6のメンバーが地域のシニアの方々や大学生とのシェアダイニングを企画して実施されています。しかし、リモートシェアダイニングがいつもスムーズに進行しているわけではなく、大なり小なりのハプニングはつきものです。1回目の和菓子「水無月」の時には、冷蔵庫に入れて数分たつと固まるはずの具材が、いつまで待っても液体状のままで固まらないというハプニングがありました。会が終了してから、ZOOM6の米田さんが、「まだ固まりません」とメッセージを送られました。実は私のつくった水無月も、お皿に盛るとすぐに崩れるくらいの軟らかさでしたが、自分だけがそうなのかもしれないと思って、聞くのを遠慮していたところがあります。しかし、米田さんの問いかけのおかげで、水無月が固まらなかった原因がわかりました。メッセージへの返事で、水無月のレシピを提案された順子さん（仮名）が砂糖を多めに入れていたことを知らせてくれました。状況によっては、自分から固まらないことをメンバーに開示したり、分量の間違いを自分から告

白するのは勇気がいることです。しかし、このやりとりがあったことで、全員が正しいつくり方の情報を得て、その日の3時のオヤツにおいしい水無月を食べられることになりました。

ここで注目すべき点は、2人の会話に続いて伊豆さんが、「私にもできる」という言葉をメッセージで語られたことです。伊豆さんは料理経験がほとんどなかったので、はじめて他の人と料理をするのが不安で、前日はよく眠れなかったそうです。料理に自信がなかった伊豆さんが、会を終えて「私にもできる」と感じるようになったのには、LINEのグループメッセージに見られるような、「料理の会」を楽しくするために、弱さを見せて支え合うメンバー間の互恵的なやりとりがあったからではないでしょうか。ZOOM6のつながり、すなわちコミュニティの力への信頼が、「失敗しても大丈夫」「みんなで教え合うとできる」、という集合的効力感を高めたことがうかがえます。

③活動 参加した意味や役割に気づく：シェアダイニングの実践

こうした「ここでならできそう」「この人たちとならできる」という信頼と、次はこんなことを「やってみよう」「してみたい」という意欲は、どうすれば高めることができるのでしょうか。

シェアダイニングの実践では、コンパッション（Compassion）の考え方を応用して、活動のデザインに取り入れています（キーワード⑤：コンパッション）。

コンパッションは、あるがままを受け入れる優しさや感謝、慈しみを含む概念です。人生をよりよくすることに意味を見出し、周囲の世界とつながるオープンさや自他の心の動きに注意を向ける意識を意味しています。自分とすべての存在に対して、人間らしく、より思いやり深く、責任をもてるようになることを重視します。一般的に知られるマインドフルネスは自分自身が中心の印象がありますが、そうした内向きの取り組みを、より集合的でつながりを大切にする取り組みへと発展

KeyWord ⑤

コンパッション　Compassion

コンパッションの語源は、ラテン語の compati（苦しみ）に由来します。「共に感じること」がコンパッションの直訳ですが、語源を考慮すると、「共に痛みを感じること」といえます。一般に、コンパッションは人間のさまざまな欲求の中でも高次の美徳の一つとされ、自他に向けられた苦しみを和らげたいと願う欲求を意味します。ポジティブ心理学の分野で研究されているコンパッションは、自分と他者を同一化することでつながる、「私」から「私たち」へとの心理発達のプロセスです。コンパッションによる他者への自己の同一化は、他者の苦しみを和らげるための利他的行動を起こす動機づけになります。そのためには、まず自分の今の感情に気づき、痛みやつらさ、優しさに心を開くことが重要とされます。

させる考え方です。注意を自分の外に向けると、他者に対する関心がより高まり、それが自分と周囲とがつながる世界を広げていきます。

シェアダイニング実践のプログラムでは、こうしたコンパッションのために、活動の中に2つのフィードバックが取り入れられています。一つ目は、自分や他者の心の動きに注意を向けるための感情のフィードバックです。料理や食事をしていると、「うまくできた」とか、「おいしそう」などの、さまざまな感情がわいてきます。そうした感情は、言葉や行動、身体の反応となって表れるので、その反応を光や音の信号にして参加者に返す方法です。感情のフィードバックで喜びの実感が強まると、その反応が他の人の感情を誘発し、集団の喜びが高まりポジティブな循環が起こります。

場の状態に、一人ひとりがどのように貢献したのかを確認するのが、2つ目のメタ認知フィードバックです。メタ認知フィードバックは、記録したシェアダイニングの活動を後から振り返り、場の状態の変化と参加者の行動の因果関係を理解するのに役立ちます。例えば、誰かが料理を焦がしたことが、みんなの助け合いを起こすきっかけになったとか、自分の発した言葉が他の人たちの笑いを誘ったなどの、普段は気づきにくい、一人ひとりの小さな貢献に気づくしかけです。

この2つのフィードバックを組み合わせることで、一人ひとりが自分がここにいる意味や役割に気づいて、生きがいや働きがいがもたらされます。また、他の人が集団に果たす役割と意味に関心を向ける「思いやり」、そしてそれを受け入れる「慈愛」が「感謝」となって、私たちのつながりを温かなものにします。

シェアダイニング実践で育むのは、内面の世界と外の世界を一つに結びつけ、自分を超えた存在とのつながりに気づかせてくれる集団の関係性です。

テクノロジーがアシストするシェアダイニングの実践

コンパッションの要素は、自分や他者の痛みに関心を寄せて認識する認知的要素、心理的な痛みの認知によって感情が動く感情的要素、その痛みを和らげようと備える動機づけの要素があげられます。これらが多層的に影響を及ぼし合い、コンパッションが構成されています。人の発達は、自分の限界に出合った時の痛みを受け入れ、新しいつながりを探すプロセスです。コンパッションのトレーニングによって、痛みに対する前向きなマインドセットが強化されます。マインドセットとは、出来事に対する姿勢や考え方のことをいいます。コンパッションのプログラムでは、自分と他の人やモノゴトとのつながりへの気づきや、周囲に寄り添う思いやりのある方法で考え行動するよう意識的に努力する姿勢を育みます。そのために重要になるのが、己を超えて全体のつながりを俯瞰的に捉えるメタな視点です。

コンパッションの実践を可能にするメタ認知のはたらきを、シェアダイニングではテクノロジーによって促すことを試みました。

先述のシェアダイニングのブースでは、天井と壁面に設置したカメラとマイクで映像と音声を記録することができます。その映像や音声から観察できる表情、視線、動作、呼吸、発話などの情報を分析して感情状態を推定し、参加者にフィードバックすることで、メタ認知のはたらきを促します。メタな視点から見た場の状態と、自分のふるまいを関連づけることで、自分のふるまいや感情をコントロールする手がかりにします。この自律的に自分のふるまいを調整するプロセスを重ねることで、痛みに耐える強さと、つながりを感じる力を育むのが、シェアダイニングにおけるコンパッションの核心です。

このシェアダイニングのコンパッションの考え方をアプリで表現しました。場の一体感が増して調和する瞬間の映像を切り取り、その瞬間にそれぞれの参加者がどのようにその場の調和に貢献したのかがグラフに表示されるアプリです。アプリを使って、場の調和と参加者一人ひとりのふるまいとの関連を、参加者自らがアプリに表示されたポイントで確認します。参加するという行為が場の調和に貢献した個々人の役割に気づくことで、ここにいる意味が生まれ、働きがいや生きがいの感覚を高めるのに役立てられます。

変化する状況で、自分や他の人の小さな貢献は見過ごされることが多いのですが、一人ひとりの場への貢献に気づいて感謝することができれば、コミュニティのつながりが強くなります。アプリはシェアダイニングのコンセプトを表現するためのプロトタイプで、食コミュニケーションにおいて用いられる仕草や言語などの多様な情報をどのように扱うのが最適なのかを明らかにする課題があります。同様の研究が国内外で盛んに行われています。生活の場における人々の活動から収集した情報をリアルタイムに計測し、映像や音声をはじめとした複数のデータを組み合わせて解釈できるようになれば、オンライン環境の場づくりが大きく前進するはずだと期待されます。

シェアダイニング・アプリケーション

シェアダイニング・アプリケーションでは、シェアダイニング空間での参加者の活動の記録から、コンビビアルな場の状態を把握して、参加者にフィードバックします。そして、その場の状態と個人の自立・共生的な行動とを関連づけたポイントを、活動が終わった後にアプリの画面上で確認することができます。コンビビアルな場の状態を動画で見ながら、その時の個々人のふるまいをポイントで確認すれば、参加者それぞれが、シェアダイニングに参加して果たした役割に気づくことができます。一人ひとりの価値に気づいて、生きがいや働きがいを感じていきいきとする、コンパッション実践のためのアプリケーションです。

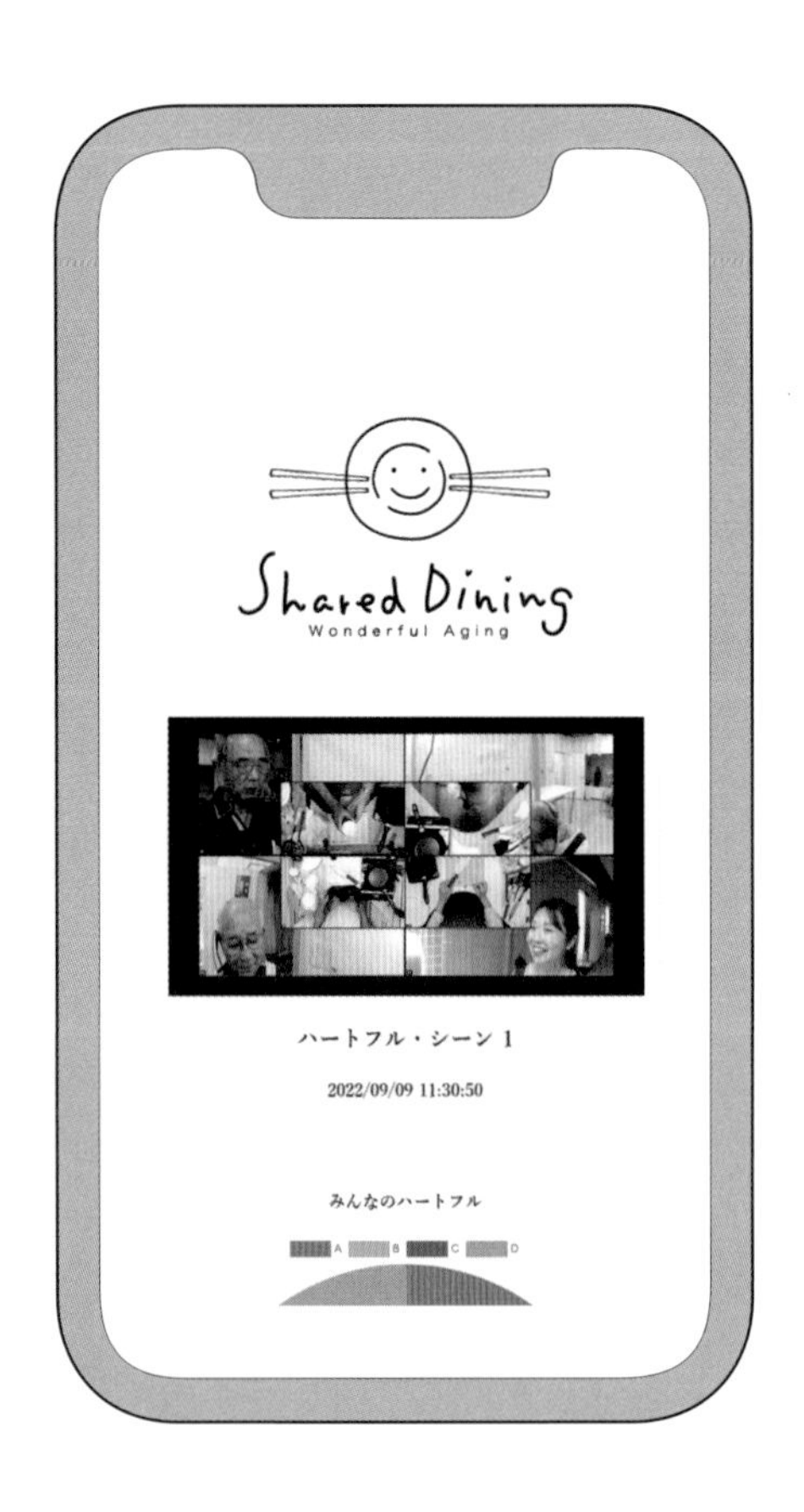

開発者：日下菜穂子・荒木英夫・西口敏司・鈴木基之・佐野睦夫
開発協力：クリエイティブオルカ株式会社

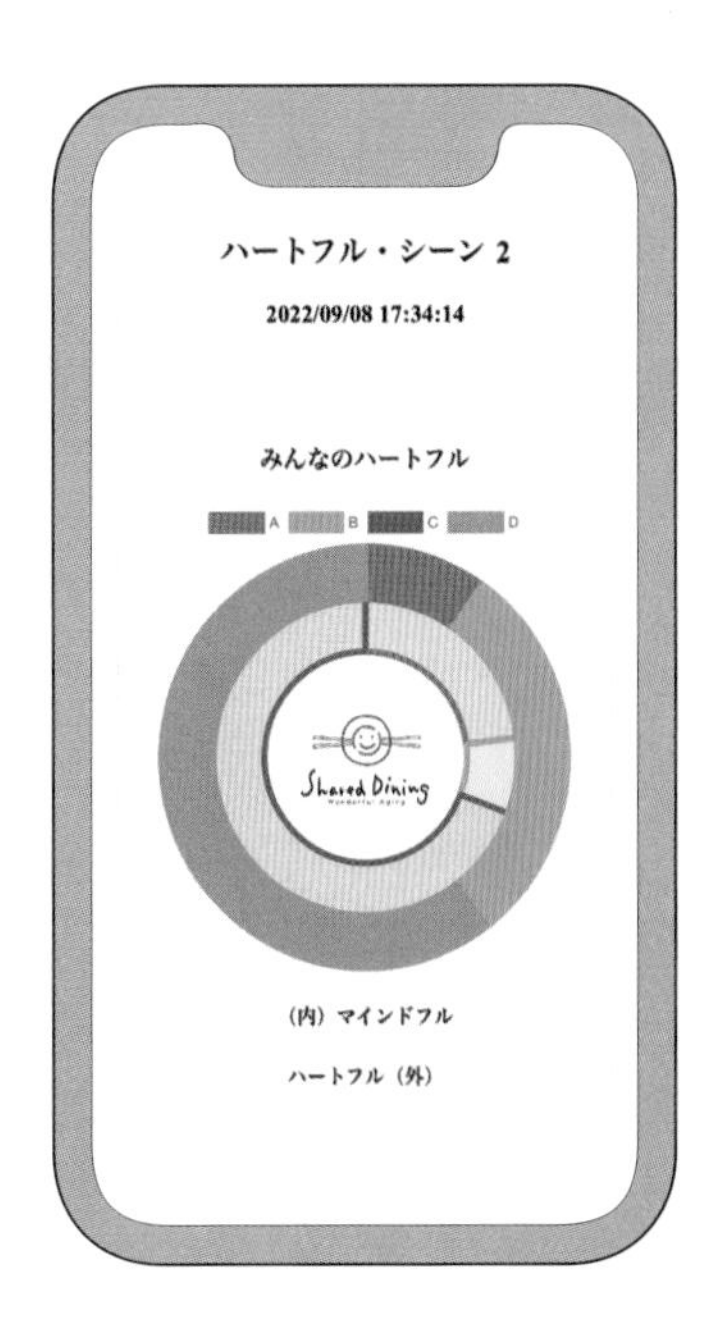

KI酢NA（きずな）プロジェクトとコンセプトボトルの開発

石井 翔　株式会社 Mizkan Holdings 中央研究所　企画チーム

２０２０年、敬老の日を前にしてミツカンはKI酢NA（きずな）プロジェクトを開始しました。子どもたちが、自分で手作りしたお酢とフルーツのミックスドリンクを、カラフルなボトルに入れて、大切な人に届けるという取り組みです。子どもからもらうプレゼントは何でも嬉しいものですが、その嬉しい気持ちがとっても大きくなるように、日下先生と一緒に研究しながら育てた、大切な取り組みです。この取り組みの舞台裏を紹介します。

食には味覚的、栄養学的な価値がありますが、それ以外にも「喜び・楽しみ」という価値があります。①新しい味に出合える楽しみ、②作る楽しみ、③おいしいと言ってもらう喜び、④一緒に食べる喜びなどです。この「喜び・楽しみ」をたくさん感じてもらうことが私たちの想いでした。しかし「味覚」と「栄養」は食品成分設

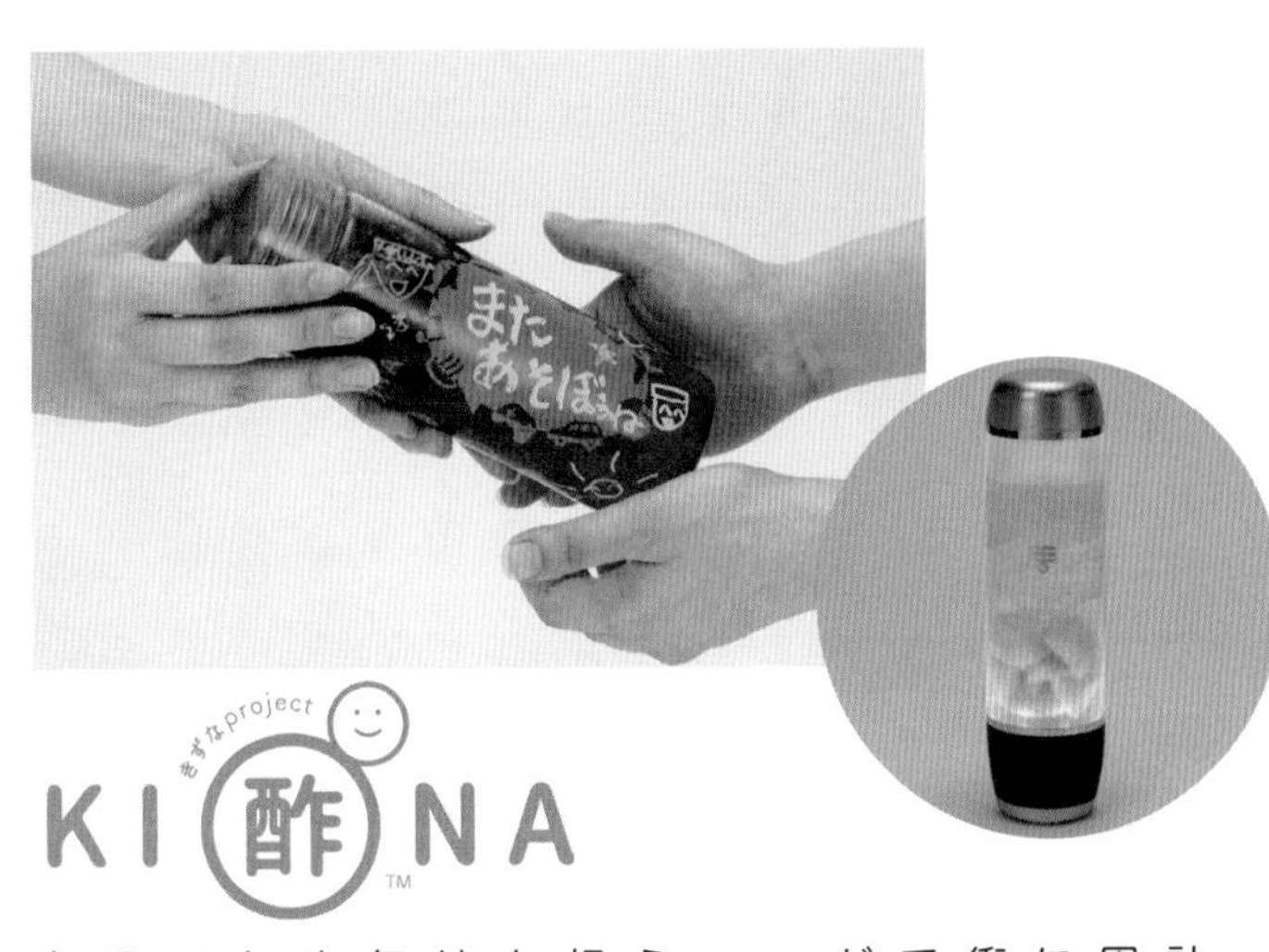

計で実現できますが、「喜び・楽しみ」はそうもいきません。困っていた時、日下先生の活動を耳にして、押しかけるように研究室を訪問させてもらいました。そこで目にしたものは衝撃的でした。学生の皆さんでお酢のドリンクを作って飲んでくれたのですが、そこには会話や笑い声、夢中な表情などがたくさんあったのです。まるで魔法でした。

通常、食品メーカーはお客様に分量通りに商品を使ってもらうことをおすすめします。しかし日下研究室では皆さんが好きな分量で作ったり、もっと自由に種類の違うお酢ドリンクを混ぜたりしていました。そしてマイドリンクに名前をつけていました。そうすると皆さん、自然にマイドリンクを意気揚々と他人に説明し、人に作ってあげ、それを楽しんでいました。「オリジナルブレンド」「名前をつける」というちょっとした〝魔法の仕掛け〟で人と人の関わりが引き出されて、「喜び・楽しみ」が生まれていました。先生にお話を聞くとその背景にもしっかりと理論（適度な自由度、語りたくなる自作品）がありました。まさに目から鱗でした。

K I 酢NAプロジェクトでは、お酢ドリンクを入れるボトルに〝魔法の仕掛け〟になってもらうことにしました。プロジェクトの取り組みテーマは「〝元気でいてね〟を届けたい。」です。「自分のことに想いを馳せてくれている相手の時間」が受取手に伝わることが大切だと考え、このことをより直観的に伝えられるようにコンセプトボトルの開発をしました。

コンセプトボトルは2本でペアになっていて、贈り手の手元に1本、もう1本を手作りのお酢ドリンクとともにプレゼントします。ボトルには通信機能を搭載し、一方を振ると離れた場所にある相手のボトルが優しく光ります。ドリンクを混ぜておいしくする一手間はボトルを振ることで離れて暮らす祖父母から子・孫世代の思いをつなぎます。

コンセプトボトルの完成を待って、K I 酢NAプロジェクトを社会に送り届けることができました。日下先生はじめ多くの関係者の皆様に改めて御礼申し上げます。

酢ーパーワークショップ（日下研究室）

03

シェアダイニングがやってきた
～「おに活」@イオン葛西店の社会実験～

シェアダイニング期間限定オープン

２０１９年８月。

多様な人が集まってつながれるコミュニティの台所をつくろうと、シェアダイニングをイオン葛西店（東京都江戸川区）の中に期間限定でオープンしました。

メニューは、おにぎり一品だけです。

炊きたてのご飯と海苔は置いてあります。お昼前に集まって、３００円程度のおにぎりの具材の買い物に行き、各々が買ってきた具材を入れて、オリジナルのおにぎりを一緒に握ります。

シェアダイニングには、あらかじめ決まった手順を示すレシピはありません。また、参加の仕方も自由です。一人で黙々とつくるのでも、家族や友達とワイワイと話しながらつくるのでもかまいません。大切なのは、「おいしいものが食べたい！」という一つの目標に、みんなが向かっていることです。

写真：長谷川健太（株式会社建築写真）

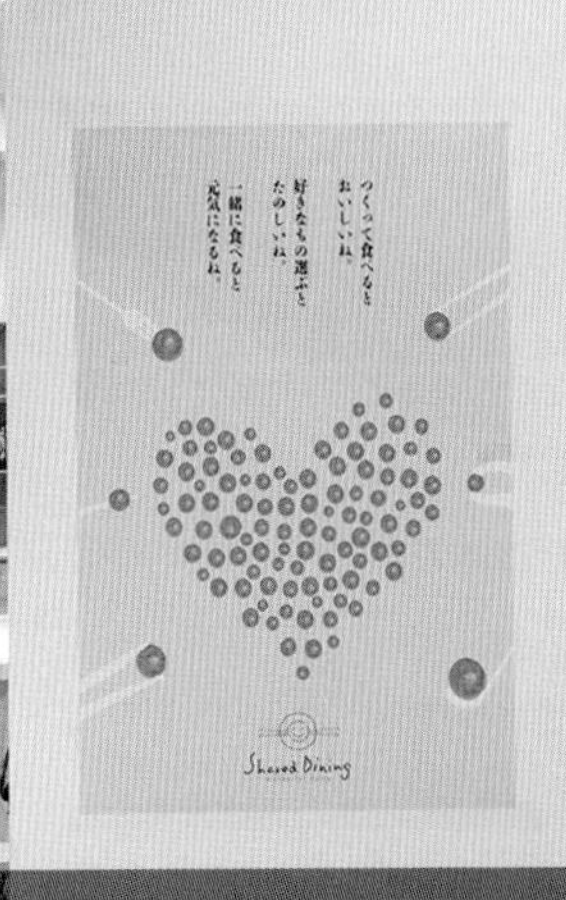

シェアダイニングに来たらまずは自分が食べたいものを選んで、好きなようにつくります。今この瞬間に集中して五感をはたらかせると、だんだんつくるのが楽しくなってくるはずです。シェアダイニングには、自分と同じように夢中になっておにぎりを握る人たちが周りにいます。五感をはたらかせれば、隣の人の息づかい、食器が触れ合う音、海苔を炙る香ばしい匂い、野菜を刻む包丁の振動、そんなさまざまな刺激に気がつきます。慣れてきたら、シェアダイニング全体にただようエネルギーが、身体を通して伝わってくるかもしれません。

一人ひとりがつくるおにぎりは違っても、全体の熱量は同じように共に感じ合えるのがシェアダイニングの醍醐味です。できたおにぎりは、みんなで一緒にいただきます。果たして、どんな味がするのでしょう。

みんなに
つたえる

⑨おにぎりを食べる

一緒におにぎりをいただく。

⑩レシピカードを書く

つくったおにぎりに名前をつけて、写真と一緒にオリジナルレシピを紹介。

⑧カップで乾杯

カップインターフェイスにお茶を入れて、みんなで乾杯。

⑪レシピをシェアする

「みんなのレシピボード」に、レシピカードを貼ってシェアする。

いっしょに
たべる

おに活の1日

いっしょに
つくる

❶エプロンを着用

受付をすませたらエプロンをもらって着用する。

❷アイスブレイク

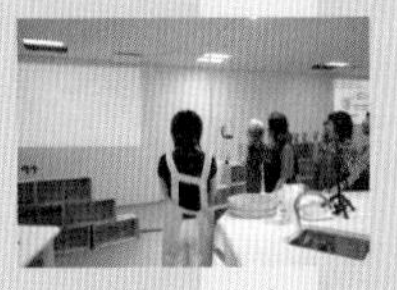

シェアダイニングのコンセプト映像を視聴。全員が大声で挨拶し、AI 環境センサーのハートの動画を動かしてみる。

❸具材をお買い物

参加費の 300 円を持って、おにぎりの具材を買いに行く。

❹見せ合いっこ

買ってきた具材を台に出して見せ合いながら話す。

いっしょに
えらぶ

❺お米を桶に入れる

炊飯器からみんなの分のお米を桶に入れて、調理台へ運ぶ。

❻おにぎりを握る

各々買ってきた具材を入れて、おにぎりを握る。

❼撮影

つくったおにぎりを持って、記念撮影。

みんなでおにぎりをつくろう！

２０１９年8月、大型スーパーマーケット「イオン葛西店」内に10日間限定のシェアダイニングを開きました。世代や立場の違う人たちが、同じ食卓を囲んで仲間になる。かつては家庭の中で行われていたそんな風景を、ショッピングセンターという公共のスペースに描き出すつながりの社会実験でした。

テーマに選んだのは、おにぎりです。おにぎりにしたのは、年齢や立場も違うバラバラの多様な人を引き寄せる魅力があるからです。主食の米を使った料理の中では、炊けたご飯に一手間を加えてアレンジするだけのシンプルな料理のおにぎりは、レシピがなくても簡単にできるのが魅力です。何より、「同じ釜の飯を食う」ということわざがあるように、実際にお米を分け合って一緒につくると連帯感が深まりそうなのも、おにぎりならではでしょう。

シェアダイニングでは、「おにぎり」と「朝活」を掛けて、「おに活」と名づけました。

このようなイベントに積極的に参加するのは、情報に敏感で、活動的な人たちです。確かに、食に関心の高い中高年の女性は好んで参加してくれます。新しい社会活動に参加することにも慣れているので、年齢を重ねても孤立するリスクはそれほど高くありません。

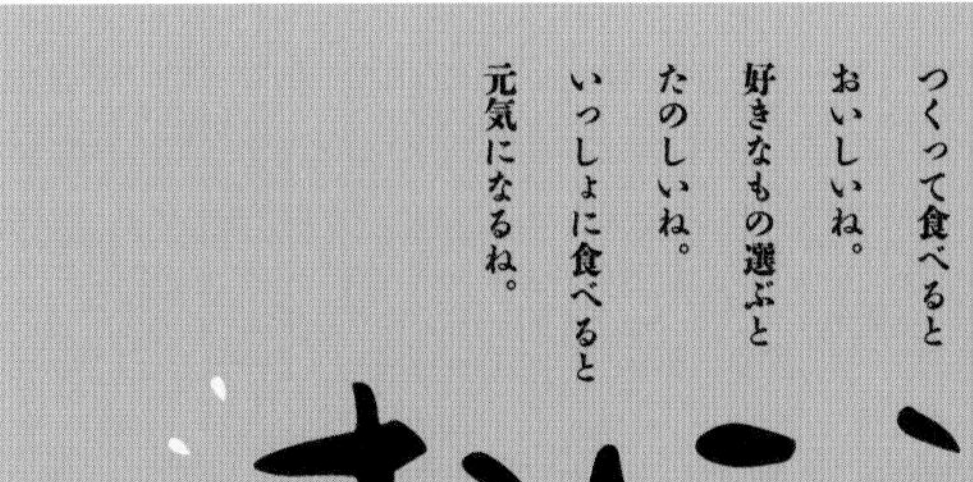

おに活

ほかほかおにぎりをつくって食べよう会

2019年8月12日（月）
～8月23日（金）
※17日（土）、18日（日）はお休みです。

●場　所：イオン葛西店　4F GGギャラリー
●時　間：11:00～（10時30分より受付開始）
●参加費：300円（具材買い出し分）
※自分が食べる分の具材（300円程度）をイオン内でお買い物していただきます。
※ご飯、調味料、海苔、お茶はシェアダイニングにご用意しています。
※中学生以下のお子様は無料です。
●定　員：12名／各日（事前申込が必要です）

当日の予定

*詳細は、お申し込み時にお渡しするチラシをご覧ください。
●11時スタート（集合場所：4階GGギャラリー）

えらぶ　1階の食品売場で、具材のお買い物。
▼
つくる　買ってきた具材を使っておにぎりをにぎる。
▼
たべる　自分のおにぎりが完成したら、いただきます！

申し込み方法

1階サービスカウンターで、「シェアダイニングに参加！」とお申し込みください。
※10日間期間限定、各日は12名様限定です。

主催：シェアダイニング　〒610-0395 京田辺市興戸 同志社女子大学内　URL: http://dwc-gensha.jp/HP_kusaka/shareddining/
協力：イオン葛西店

※シェアダイニングは、社会的な孤立の解消に、食を通じて人がつながり安心して暮らせる社会を作る研究プロジェクトです。
ご参加の様子をカメラでを記録させていただき、個人情報を厳重に管理の上、研究開発に役立てさせていただきます。

ご理解の上、ご協力くださいますようお願い申し上げます。

シェアダイニングはJST未来社会創造事業「世界一の安全・安心社会の実現」領域のプロジェクトです。

Shared Dining

でも、「おに活」で最もアプローチしたいのは、社会的孤立のリスクが高い人たちです。社会活動に関心のない人や、社会活動の参加に消極的な人。高齢期に孤立しやすいこれらの人たちが、どうやってつながりの場に参加するようになるのかが大きな課題でした。

シェアダイニングの社会実験を始めるにあたり、私たちは高齢者の新しい場所への参加について地域の高齢者の方々にヒアリングを行いました。その中で聞かれた声に、「どんなイベントかわからないと興味がわきにくい。参加するのに勇気がいる」という意見があったので、より気軽に安心して参加してもらえるように、「おに活」が一目でわかるポスターをつくり、具体的な活動内容を発信していきました。また、イオン葛西店の顧客コミュニティ、「朝活」のメンバーにも協力をお願いして、「おに活」を口コミしてもらったのも効果的でした。

「おに活」には、実にいろんな人が集まってくれました。夏休みを利用して遊びにきたお孫さんとの思い出づくりのために参加した女性や、仲のよい友達同士で参加した女性グループ。ゲームコーナーに遊びに行く代わりにと集まった小学生もいました。みんなでおにぎりをつくるというイベントだったので、やはり女性の参加者が大半で、一人で参加した男性はほんの数人でした。それだけに、数人の男性がどうして一人で来られたのか、そして一人で参加した人が「おに活」でどのような体験をされるのかに、社会的孤立を防ぐヒントが見つかりそうに思えました。

おに活が始まる：孤立しがちな人が、はじめて参加するまで

まだ受付が始まる前から、「おに活」の前を何度も行ったり来たりする一人の男性がいました。イオン葛西店でよく買い物をされている酒本さん（仮名）です。いつものように店内を歩いている時に、期間限定の「おに活」ポスターを見つけ、興味をもたれたようです。

一人で「おに活」に参加する人は、たいがい何回か会場の前を通り過ぎて中の様子を見てから入られます。酒本さんも同じでした。しかも酒本さんは、「おに活」の近くまで来ると急に歩くスピードがゆっくりになるので、他の買い物のお客さんとは様子が違うのがわかりました。

「おにぎりをつくって食べます。よかったらご一緒にどうですか？」

と誘うと、

「自分は寿司職人だっだから、おにぎりなんて邪道なものは握れない」

と答えが返ってきました。それでも「おに活」のことが気になるようで、立ち去る様子はありません。しばらく考え込んでから、「寿司だったら握る。握り方を教えてもいいよ」と言って、参加を決められました。

はじめての参加を、どう後押しするのか

新しい場所にはじめて参加するのに、酒本さんのように期待と不安が入り混じり、すぐには中に入れないことがあります。新しい体験への期待より不安のほうが大きければ、入るのをやめて引き返してしまうこともあるでしょう。不安を避けて参加をあきらめることが続くと、いつの間にかそれが習慣になり、やがて新しいモノゴトへの関心も失ってしまうかもしれません。不安の原因としては、先の見通しが立たないことや、見通しが立っても期待よりリスクのほうを考えてしまうことがあげられます。新しい場所で何が起こるのか、自分は何をしたらいいのか、もしかしたら失敗するのではないかなどの考えが不安をかきたてます。

こうした先が見えない状況に対して酒本さんは、「おに活」に置いてある調理具や食材といったモノを手がかりに、「おに活」がどんな場所かを想像しようとされました。酒本さんは東京の回転寿司店で板前として働いていた寿司職人でした。ご飯を入れる大きな寿司桶、しゃもじ、海苔などの酒本さんがよく知っている道具が、好奇心を刺激したのでしょう。そして、酒本さんが寿司職人として活躍していた頃の気持ちを道具に重ねて、「この場所も、昔の職場みたいだろうか」と小さな期待感をもたれたのではないでしょうか。

はじめての場の好奇心のしかけ

はじめての場所であっても、酒本さんのように好奇心をもって、その場のモノゴトと、自分のもっている知識や体験の記憶を重ねると、これから起こることを具体的にイメージしやすくなります。

好奇心は、新しいことや知らないことに関心をもち、探求しようとする願望です。年齢にかかわりなく誰にも好奇心はあるのですが、好奇心を向ける対象には年齢による違いがあります。新しいモノゴトや知らないことを知りたいと新奇なことに幅広く好奇心を向けるのは、これから知識を蓄えようとする若い人の傾向です。一方、すでに多くの経験や知識をもっている高齢の人は、「知ってるけど何かが違う」とか、「自分が知っていて他の人が知らない」など、知識のズレや空白に好奇心を向ける傾向があります。

酒本さんは「おに活」を見て、お米や寿司桶があるのに、普通の寿司屋とは異なる違和感を感じました。また、「おにぎりなんて邪道」と言われたように、「おに活」でのご飯の握り方と酒本さんの常識との間にズレがあり、その違和感が酒本さんの好奇心への刺激となりました。

知らない部分があまりに大きいと、気にもとめずに通り過ぎてしまいます。反対に、知りすぎていて情報が完全に一致していたら、当たり前すぎてこれもまた好奇心はわきません。「おに活」が普通の寿司屋だったら、おそらく酒本さんは好奇心をもつことはなかったでしょう。この知識のズレや空白の適度なバランスが、はじめての場所への好奇心を高めるうえで大切になります。定番の調味料や一般家庭に置いてあるような調理具などの馴染みの道具を揃えるのと同時に、ちょっと違う何かを加えてズレや空白をつくると、その違和感を埋めようとする行動が起こりやすくなります。

人ではなくふるまいを変える

「おに活」で興味深かったのは、酒本さんが、新しい場所である「おに活」に参加する行動を起こしたのが、自分が何かを得る（GET）のための利己的な欲求からではなかったことです。酒本さんは、ここで何か役に立てるのか、何ができそうかと、場への貢献（GIVE）を考えて参加されました。酒本さんがシェアダイニングに参加する時に言われたのは、「寿司の握り方なら教えてやってもいいよ」という言葉でした。「おに活」で感じたズレを、酒本さんのもっている知識やスキルで埋められるのではという提案です。

自分と自分の外のモノゴトとを関係づけて、そこに生まれる役割に居場所を見つけるのは、経験の蓄積がある高齢者ならではかもしれません。どんな時にも、周囲との関わりにおいて「自分に何ができそうか」を意識することで、自分が今ここにいる意味を見出しやすくなります。高齢の人の幸福感は若者に比べて低くないという、エイジング・パラドックスと呼ばれる現象があります（キーワード⑥：エイジング・パラドックス）。この現象には、長い人生を振り返って、さまざまな関係性の中に意味や役割を見出す、よく生きる知恵ともいえる、創造性の成熟が影響しています。

私たちが陥りがちなのは、「孤立者」という枠を決めてから、その枠に当てはまるリスクのある人を探して、そうでない人たちの輪に引き入れようとすることではないでしょうか。リス

KeyWord ⑥

エイジング・パラドックス Aging Paradox

老化に伴い身体機能の低下などの喪失があるにもかかわらず、心理面では幸福感が上昇していく現象。「老いの逆説」とも訳されます。社会的な側面では、対人交流の範囲が狭まる一方で、高齢者の孤独感は若者に比べても強くないという逆転現象も報告されています。発達には獲得と喪失の側面があり、健全な発達の鍵は、必要な能力を残すために切り捨てる喪失にあることが、乳幼児の発達研究からも明らかにされています。喪失は人生のどの段階にも生じます。経験したことがない老いの未来を想像すると、先の見えない不安を感じがちです。しかし、喪失を経験するからこそ獲得するものがあると、人生の先人たちが教えてくれるのが、エイジング・パラドックスの現象といえます。

クを回避したいと思っていた人には渡りに船かもしれません。しかし、これでは、「孤立者」とみなされた人が弱者の立場に置かれて、いつまでも受け身の立場のままでいる、真逆のアプローチになってしまいます。あるいは、孤立しないためには「笑顔が大事ですよ」と手ほどきしたり、周りとうまくやっていくためのマニュアルを用意しないというのでは、管理的になりがちで、参加者の主体性を奪うことになります。

酒本さんは、いわゆる「孤立者」とみなされがちな人でした。しかし、「おに活」の入口での酒本さんの言動をあるがままに見ると、決して、そのふるまいは孤立した人ではなく、むしろ利他的な人のふるまいでした。たまたま、通り道に「おに活」があったからかもしれません。ただ、酒本さんがはじめての場に参加されたように、人は偶然のモノゴトに出合う好奇心によってふるまいを調整して、どんな人にもなれるのです。

コンビビアルな場づくり

私たちがこだわったのは、人と人との自然な関わりから、参加者の自立共生が自ずと実現されていくような環境のデザインです。つまり、活動や道具、空間といった環境の力で、参加しても安心だと思えて、入ってみたらお互いの存在に関心をもち、それぞれの違いからよさに気づいて、自然に信頼感が生まれるようにできないだろうかと考えました。

シェアダイニングがめざすのは、自立共生のコンビビアルな場づくりです。参加者の主体的な活動への関わり（自立）と、参加者同士のいきいきした関わり合い（共生）が調和して、にぎわいが徐々に高まっていく空間（コンビビアリティ）をつくることです。自立共生を促す環境デザインは、シェアダイニングのつくり方の大切な肝の部分です。人々にシェアダイニングへの参加を促すところから、活動中の行動とコミュニケーションを活発にし、さらに参加した後に体験の意味づけをするところまでの、一連のシェアダイニングの環境をデザインすることで、食を通じた場のにぎわいをつくり出していきます。

人づき合いが好きな人や、大勢とのコミュニケーションに慣れている人は、放っておいても気の合う仲間を見つけて、楽しい時間を過ごすことができるでしょう。一方で、人と関わるのが面倒だったり、積極的に活動に参加しようという意欲がわかなかったりすると、どうしてもその場に馴染めずに孤立しがちです。こうした孤立しがちな人も、おにぎりを誰かと一緒につくって食べる喜びでワクワクすると、その集団の中にいる意味を感じて一緒にいるのも悪くないと思うようになるかもしれません。そういう活動に繰り返し参加しているうちに、少しずつ仲間意識が芽生えることもあ

るでしょう。同じ場にいて、人と同じことをしなくてもいい、それぞれに望むことを好きな方法で取り組むことができ、いつ来てもいいし、ずっとでもたまに参加するのもいい、そういう誰もが居心地のいい体験をどうすればつくれるのか。どのようなはたらきかけやサポートがあるといいのか、または、ないほうがいいのか。これについても考えました。

果たして、この環境デザインから何が生まれるのでしょう。読者の皆さんも気になるところだと思います。その情景を実際のエピソードとともにお伝えしていきます。ある日の「おに活」を舞台に、コンビビアルのための環境デザインによって参加者同士が関わり合い、つながりが生まれるまでのプロセスを追っていくことにしましょう。

ある日のおに活❶：人々がいきいきと動き出すまで

「おに活」の常連である女性たちも続々とやってきました。さとちゃん（仮名）は、夏休みで遊びにきているお孫さんを連れての参加です。思いやりにあふれた世話好きの女性で、ほぼ毎日、「おに活」に顔を出してくれています。元栄養士のみほりん（仮名）は、いつも仲のよい女友達と一緒です。おいしくて栄養のあるものを食べることが大好きで、食べること自体が参加のモチベーションになっています。場を仕切って盛り上げるのが上手な、ムードメーカー的な存在です。さとちゃんやみほりんは、シンクに近い調理のしやすい特等席から全体を見渡すように立っています。酒本さんは、テーブルとは少し離れた、調味料が並んでいるサイドコーナーを選びました。他にも食品メーカーや流通、IT系企業からの見学者も含めて、総勢16名でその日の「おに活」がスタートしました。

まずはエプロンを身につけて、食品売場でおにぎりの具材を調達するところから始まります。300円を目途に好きな具材を自由に購入してもらいます。

具材の買い物は、普段買い物をあまりしないという男性の参加者に好評でした。食品販売スペースが「おに活」と同じ建物の1階にあったので、店長があらかじめ本日のお買い得情報を流してくれていました。買い物に不慣れな人は、店長おすすめの食材を売り場に探しに行きます。そうすると、お揃いのエプロンをつけた他の参加者と同じ食材コーナーでばったり出会って、初対面なのにお互いに目配せする光景も見られました。

買い物から戻ってきたところで、袋から買ってきた具材を出して、おにぎりの準備に取りかかります。机の上に取り出した具材は、定番の梅干し、昆布の佃煮、カレーの缶詰やポテトチップスなどの変り種もあります。一人では使いきれないものがほとんどで、「よければどうぞ」とお皿に分けて渡す人、晩ご飯のおかずにと残った食材を鞄に入れる人もあったり、いろいろです。

「それ、変わったネタですね。何ですか?」

スタッフのあかりさんが、酒本さんの買ってきた食材を指差して聞きました。酒本さんが具材に買ってきたのは、真鯛とマグロの刺身セットでした。買い物の上限は300円ですが、値札は660円。厚切りの刺身が6切れ入った豪華なパックです。

「このマグロは新鮮だ。色を見ただけでわかる」と酒本さんは誇らしげです。

道具から可能性に問いかける

自分の好きな食材を買ってもらうのは、好きな具材を選ぶうちに、「どんな料理をつくろうか」という目標のイメージが具体的になるからです。目標が具体的になればなるほど、つくるのが楽しくなります。それは、つくっている料理と目標のイメージとを照らし合わせながら、「いい感じ」とか、「もうちょっと」という評価がはたらいて、心が動くからです。また自分がつくりたいと思って決めた目標なら、多少うまくいかなくても、あきらめずに頑張ることができます（キーワード⑦：「自己決定」）。

好きな食材を買ってきてもらう他にも、「お に活」には自由に選べるものが多くあります。

KeyWord ⑦

自己決定 Self-determination

自己決定を説明する自己決定理論（SDT：self-determination theory）は、個人の行動を自分で選んで決める自己決定の程度に焦点をあてる動機づけ理論の一つです。自分の行動を自分で決めて取り組むほうが、事前に決められたものよりも意欲が高まりやすく、満足感も高い傾向があります。生き方や日常生活の自分の行動に自己決定権をもち、選択肢や状況を自分自身でコントロールすることが、モチベーションの維持や高いパフォーマンスにも関係します。自己決定理論では、人間は自律性、有能感、関係性の３つの基本的欲求をもっていて、「自分で決めたい」「有能でありたい」「人と温かな関係でありたい」という欲求が充足されることによって満足感が得られ、基本的欲求を満たす過程で人格的発達が導かれると説明されます。

例えば、料理教室でよく見かけるのは、同じ形をしたテーブル（だいたいが長方形）が規則正しく並んでいる風景ですが、ここでは違います。形や大きさの異なるテーブルがいくつも置いてあって、それらを組み合わせれば、さらにいろんな形をつくれるようにデザインされています。それによって、大きなテーブルの真ん中で調理したい人、隅っこが落ち着く人、それぞれが居心地がいいと思える場所を選ぶことができるのです。シェ

アダイニングのテーブルは、好きな食材を選ぶのと同じで、参加者に主体的に関わってもらうために大切な道具の一つです。

道具や活動から投げかけられるのは、参加者の好みや得意なことを聴く問いかけです。相手の好みや得意なことなどの強みを聴く問いかけは、その人の貢献に期待する気持ちから発せられるのが特徴です。シェアダイニングでは、どんな人も、この場に参加して活動することに意味があると考えるので、自ずと問いかけが、前向きな可能性に向けられます。

こうした問いを投げかけられた人は、自分が期待されていることに気づきます。そして、答えを探しながら「この場で何ができそうか」「周囲の期待にどう応えようか」と、場への貢献を考え始めます。

ある日のおに活❷：バラバラな動きがシンクロし始めるまで

さて、いよいよ調理が始まりました。参加者が一斉に動き始めます。料理に慣れた人たちは、テーブルを拭いたり、会場に準備されている道具を自分たちのテーブルに持ってきたり、動作がテキパキとしています。それとは対照的なのは、料理に不慣れな人たちです。企業からの見学者にもエプロンをつけて参加してもらっていたのですが、中には「自分は何をすればいいのでしょうか？」とオロオロする人もいます。

最初のうちは、それぞれがバラバラに動いています。ところが、徐々に他者の作業に注意を向けて、相手とアイコンタクトを交わしたり、会話をしたりして、関わり始めることも起きてきます。例えば、危なっかしいことをする人が出てきたりすると、台所仕事に慣れた人が、その様子を見て手を差し伸べるのです。

積極的に周りの人と関わろうとしていたのは、さとちゃんです。お世話好きなさとちゃんは、自分のことはさておき、常に周りの人の様子を気にかけ、しきりに世話を焼こうとします。「みんなが楽しいと、自分もうれしい」とご本人も話されていたように、貢献する気持ちがとても高く、仲間意識を大切にされる方なので、調理開始と同時に会場の隅に置いてあった寿司桶を取りにいき、「ここにあるよ！」と皆さんに率先して配っていました。

みほりんは、どちらかというと、自分のことを一生懸命にやっています。ご飯に具材を混ぜる、こねる、握る。他の参加者とは群れずに、自分と仲のよい友達を大切にするタイプです。

酒本さんはというと、ずらっと並んだ調味料を前に、「寿司の酢がないから、つくれない」と戸惑っています。その様子に気づいた食品メーカーからの見学者が、「梅ドレッシングを入れるとお酢の代わりになりますよ」とアドバイスすると、寿司職人としてのこだわりが強い酒本さんは、「そんなんじゃ駄目だ」と言いながらも、ドレッシングの瓶を手に取りました。

いったんつくり始めると、さすがは職人さんです。その動きはとても軽快です。お酢の代わりにドレッシングをご飯に混ぜて味見すると、「これでいいわ」とつぶやいて、一人だけお寿司を握り始めました。そして、ひたすら自分の世界にのめり込んでいきます。

「おに活」では、緩やかに進行をサポートするスタッフがいて、夢中になっている人の横に立ち、その人の手元のモノに注目するということをしていました。スタッフのあかりさんが、一人でお寿司を握り続ける酒本さんの横にすっと立って、たずねます。

「これ、すごいですね！」

「え？　なになに？」「何の話をしているの？」

写真：長谷川健太

参加者の視線と興味が一斉に酒本さんの手元に集まりました。あかりさんの向くほうにみんなが注目したのです。自分のことに一生懸命だったみほりんも、周りが一斉に酒本さんを注目したので、酒本さんのことが気になっている様子です。

しばらくして、あかりさんが別の参加者のところに移動すると、酒本さんはふたたび黙々とお寿司を握り始めました。

また独りぼっち――、かと思いきや、あかりさんが去ってできた空間を埋めた人がいました。企業からの見学者の男性で、山本さん（仮名）です。

山本さんは、料理をするような場には慣れていないのでしょう、最初は「何をすればいいのかわからない」といった様子で、女性たちが協力しながらテキパキと準備を始めるのをただ眺めていました。

ところが、ひたすら自分の作業に没頭する酒本さんを見て、「自分のやりたいようにやればいいんだ」と気づいたようです。酒本さんの隣にやってきて、その動きを真似するかのように、ご飯を手に取って握り始めました。黙々と自分の作業を続ける酒本さんと山本さん。お互いに会話はありませんが、しばらくすると、徐々に動きが同調し始めました。酒本さんが海苔に手を伸ばすと、山本さんがそれを手助けするように一緒に手を伸ばして、海苔の入れ物を自分たちのほうに近づけます。酒本さんが握った寿司をお皿に一つ置くと、山本さんもおにぎりをお皿に盛り付けます。

居場所のある人は、相手の手元を見ている

人と関わるのが好きで、人間関係をうまく築いている人と、それが苦手で社会で孤立しがちな人。その違いは、空間の中での視線の向け方に表れます。

はじめての場所でもすっと溶け込める人は、相手の手元と顔を交互に見ています。相手が何をしているかに関心を寄せて、相手の意図する行動に対して、自分ができることを見つけて助ける形で関わり始めます。これができる人は、いろんな活動を通じて人間関係をつくることができるので、比較的、孤立のリスクが低いといえます。

一方、人との関わりが苦手な人は、他者に関心を寄せないか、もし相手を意識したとしても、手元を見ずに顔だけを見ながら「こんにちは」と入っていきます。この時、どちらかといえば自分のことを相手に認識してもらうことが優先されるので、相手から自分に関心が向けられなければ、独りぼっちになってしまいます。社会的に孤立するリスクも高くなります。

シェアダイニングの目的は社会的孤立の解消ですから、「つくる楽しみ」と「食べる楽しみ」を自分一人で味わうよりも、誰かと分かち合うことで人とのつながりを感じたり、社会に所属している実感をもってもらいたい。ただし、そのために、孤立しがちな人を無理やり集団の輪に引き込むことはしません。これはすでに述べたとおりです。「みんな一緒がいい」という価値観の押しつけは、相手の人生に土足で踏み込む行為であり、その人の主体性を損なうことになるからです。

では、シェアダイニングではどうやって参加者の孤立を解消するかといえば、はじめのうちは人々の注意を、その人個人ではなくて、その人が使っているモノに向けていくのです。

何か特別なことをするわけではありません。例

写真：長谷川健太

えば、買ってきた食材を見せ合うとか、一人で持てないような重さの寿司桶を一緒に運ぶとか。また、酒本さんのように一人で黙々と料理に打ち込んでいる人や、さとちゃんのように誰かのために動き続けている人など、どんなふるまいでもいいので、何かに夢中になっている人がいたら、その人の意志に関心が向くように少しクローズアップするのです。

隣に立つだけで、スポットライトが当たる

いったん注意が向くと、チラ、チラ、と近くの人たちが横目で見始めたり、会話に耳を傾けたりし始めます。かといって、ずっとその人のことを見ているわけではありません。この人に注意が向いたと思ったら、次の瞬間には別の人に注意が向くこともあります。

誰かに注意や関心を向ける行為は瞬間的であり、対象もコロコロ変わりますが、これがお互いの心の距離を縮める最初のステップであることは確かです。参加者同士がお互いに関心を向け始めると、それまで個々に調理していた参加者の間に共感的な関わりが生まれ、コミュニティとしての一体感が生まれ始めるのです。人には周りにいる人の姿勢やモノを使う動作を自動的に模倣する傾向があります。模倣された人は、それを感じ取ると、なんとなくそこに感情のキャッチボー

ルが成立して、お互いの気持ちの距離が近づいたように感じることがあります。この瞬間瞬間の反応の流れに注意を向けることによって、人は他の人の気持ちを自分自身のことのように感じるようになります。そのため、他の人と一緒に何かを行う場合に、通常の言語の機能を超えたコミュニケーション機能がはたらき、親近感が生まれやすくなるのです。

参加者の輪に溶け込むきっかけがつかめなかった山本さんにとって、マイペースに〝わが道〟をゆく酒本さんは、「自分もこの場にいていい」と思える存在だったに違いありません。他の人の気持ちを思いやろうとして、その人の気持ちに入り込むよりも、他の人には適度に無関心でいるほうがいいことがあります。それぞれが自分のことに集中すると、その集中による気持ちの変化が相手に伝わり、お互いを思いやるきっかけになるからです。かといって、周りのことにまったく注意を払わないわけではなく、気配は感じているという、ほど

よい距離感の調整が必要になります。この日の「おに活」では、酒本さんと山本さんの距離感は、2人にとって心地よいものであったと思います。違う料理をつくっていても、動きのテンポや体の傾き具合が調和して、2人を包む空間ができていったのです。こういう時、その人がその人のままでいられる場所というのは、誰にとっても優しい場所になると思います。

ある日のおに活❸：そして、自然に会話が生まれた

酒本さんと山本さん。2人の間で会話が生まれたのも、自然な流れでした。

「何の具材を使っているんですか？」

「マグロですよ」

「これ、どうやるんですか？」

「刺身を切るのに、包丁は向こうからこっちに引くように切ればいいんだよ」

気難しそうにしていた酒本さんも、得意な寿司について質問されると、いきいきした表情であれこれと指南し始めました。お寿司について語らせたら、この場では酒本さんの右に出る人はいません。山本さんはうなずきながら聞いています。山本さんが熱心な聞き手になったこと

で、酒本さんは料理を教える先生という役割を担うことになりました。山本さんは新しい包丁さばきの知識を得られましたし、酒本さんは教える行為で山本さんを助ける人になりました。相互に支え合う関係から、お互いの存在によって、ここにいる意味が生まれた瞬間です。いつの間にか他の人たちも集まってきて、酒本さんの寿司談義に耳を傾けています。つい1時間ほど前、不安げに参加して、誰とも視線を合わせず、一人ポツンとたたずんでいた酒本さんとは別人のようです。酒本さんの周りには、和やかな会話が行き交う小さなコミュニティができていました。

利他的な食

シェアダイニングでは、お釜代わりの大きな寿司桶に炊きたてのご飯を入れて提供しました。料理を始める前に、参加者が自分の使う分だけ取り分ける方式です。各自で取り分ける時に多く取りすぎると他の人の分がなくなりますし、遠慮して少なく取ると自分のお腹がいっぱいになりません。

始めてみると不思議なことに、炊いたご飯が余ることもなく、いつもきっちりと使いきられるのです。人数に対してご飯が少ない時があったかもしれませんが、一度もご飯が足りないという声が出たことはありませんでした。周りにいる人たちの顔ぶれから、「この人はたくさん食べそうだな」とか、「小さい子どもが多いから、ご飯が余りそう」などと考えながら自分のご飯をよそうのは、簡単そうでなかなか難易度の高い社会スキルです。

「おに活」で寿司桶から大人数でご飯を取り分ける時に、自分の

お腹を満たすことだけではなく、他の人の満足感も思いやれるのかが大切になってきます。人が成長すると、自分中心のモノゴトの見方から、他の人の視点でモノゴトを捉える見方へと視点の拡張がみられます。他者の立場に立った自分自身をイメージすることができるようになると、共感が生まれやすく、そのことで他者を思いやる行動が可能になります。他者の満足感が自分の喜びになるという共感と、それに基づく思いやりが、同じ寿司桶のご飯を分け合う関係性をよくする鍵といえます。

思いやりは「思いやろう」と意識してできることではなく、反射的に自然に行われていることがほとんどです。そのため思いやりによる共感には、今この瞬間に注意を向けて、

KeyWord ⑧

利他性 Altruism

自然や人、環境など、自分の外にある何ものかを思いやる気持ち。利他性は、共感の経験を通して他者の視点に立ち、他の利益を思うことを意味します。利他に関連して、仏教用語に「自利利他」という言葉があります。これは、修業で自分が得た功徳で他の利益をはかることをいいます。自分の利は他者の利益に通じ、他者のために思えることが自分の功徳になるという利の循環について説く言葉です。「自」と「他」は相互に関連していて相反せず、明確に切り分けることが難しいものです。究極の利他は、自と他が同一化して、「私」から「私たち」へと拡大された世界への関心であり、自己超越の視座からの世界を思いやる気持ちです。

周囲の状況にどのくらい敏感になれるのかが重要といえます。豊かな社会になると、自分の食べる分を削ってまで人に分け与える必要性が少なくなりました。大皿料理の取り分けも、十分にある食べ物を分け合うのと、少ない食べ物を譲り合うのとでは、相手を思う気持ちの強さに違いが出てきます。他の人を思う利他的な食のシェアを通して、集団の満足が自分の喜びになるというコミュニティの重要性が高まっています（キーワード⑧：「利他性」）。

ある日のおに活❹：シェアダイニングでは全員が主役になれる

ついに、おにぎりの完成です。

「できたよ！」という声が、あちらこちらから聞こえてきます。「できた！」と声があがるたびに、参加者全員が声のする方向へ視線を向けて、手をたたいて完成を喜び合いました。ひときわ大きな歓声があがったのは、酒本さんのお寿司が完成した時です。

「あ、できましたね！」

山本さんがそう言うと、周りの参加者も酒本さんを見て、「わぁ、できたね！」「おいしそう」と声をあげて出来上がりを喜び合いました。

酒本さんに大きな歓声が起きたのは、こだわりをもって、本物の寿司をみんなに教えようと、一生懸命にお寿司を握る酒本さんにみんなが注目していたからでしょう。だから、お寿司ができた時、「よかったですね！」と完成を喜び合うことができたのです。

周りの人たちから称賛を受けた酒本さんの表情も、心なしか明るく、うれしそうです。

この時、酒本さんは、この場の主役であり、ヒーローでした。そして、みんながお互いのおにぎりを見て笑顔になった頃には、その場にいた全員が主役、ヒーローになっていました。

最後に、つくったおにぎりをみんなでいただきました。

「これ、食べてみ」

酒本さんが、自慢のお寿司を近くの男性たちにおすそ分けし始めました。そのお礼にと、周りの男性からおにぎりを分けてもらいました。

その隣では、さとちゃんやみほりんが、余った具材を配っています。

「おすそ分け」という思いやりを向けられた人は、相手に対する感謝の気持ちから、「お礼にこれどうですか？」と自分のつくったおにぎりを差し出します。交換した食べ物を「おいしいね」と喜び合う、感謝と思いやりの交流があちこちで繰り返され、いつしか集団の喜びが一つになった「コンビビアルな場」が生まれていました。

全員が主人公になる

「おに活」は、他の人と同じ場所にいながら、自分の目的に沿って好きなように活動することができる場です。ここでは、参加して心が動いたか、満足できたかという精神的な豊かさを追求するので、一人ひとりの体験が大切になります。おにぎりをつくる効率や手順の正しさ、他の人との協調といった効率性は問いません。「おに活」の環境は、多様性や生きがいを重視する現代社会へとパラダイムが大きく転換しつつある社会を反映しています。この社会の中で、個人は組織や社会に依存して受け身になるよりも、自分の意志と責任に基づいて選択を行うことが大切になってきます。言い換えると、年齢や性別にかかわらず、多様な個人

写真：長谷川健太

が主役になって活躍できるということです。

多様な人が主人公になるのには、舞台となる場が必要です。その場には、共演者も観客もいます。こうした人たちと、どうすればほどよい距離感で、お互いが主人公になるのを助け合えるのかが、課題になります。一人でいてもいいのですが、一人でいる孤独を支えるのは集団の中にいるという認識です。

その人がその人のままでありながら、コミュニティに溶け込んで、集団の中にいて自立していられる、ここに居場所があるという感覚をもてるようになる。自己選択や共同注意の考え方を活動に組み込んで、参加者の共感の輪が広がると、集団の中にいる認識から個の尊厳が成り立ちます。

「おに活」で私たちが実践したのは、一生懸命に頑張っている人に注意を向けていき、参加者の間で感動が伝播していくのを見守っていく。ただそれだけです。

参加者の行動を可視化してみてわかったこと

私たちは後日、参加者の行動分析とその可視化を試みました。分析した行動は、参加者の許可を得て、会場に設置した天井カメラと机上の360度カメラで撮影したものです（116頁・写真）。シェアダイニングでの参加者の行動を分析し、可視化する際に用いたのが「自立共生仮説円環モデル」（次頁：図1）です。シェアダイニングの活動中の一人ひとりの自立的な行動と共生的な行動を数値化して、モデル図の上にプロットします。参加者全員の自立共生行動が変化する様子から、参加者間の相互の関わり合いを確認するのに役立てます。この仮説モデルは、右上にいくほどよい状態というわけではなく、場にいる人々の自立共生行動のバランスを可視化するためのものです。全体を一つのシステムとして捉える見方は、家族システム論を提唱したD・H・オルソンらの「家族円環モデル」を参考にしています。

縦軸の「自立」は、個人が自分から進んで作業をしている、腕の動きや姿勢から観察できる行動です。横軸の「共生」は、周りの人との関わりがある状態を表しています。会話や視線の交換、相手への援助行動が多いほど高くなります。

参加者の行動からわかったのは、それぞれの参加者がプロットされた位置が、どこか一点に固定されるのではなく流動的であるということです（図２）。つまり、同じ人でも、ある状況では自立行動が強く表れることもあれば、また、状況が変われば、共生行動が強く表れることもあります。状況に応じて柔軟にふるまいを変えながら、時には、仮説モデルの左上（独断的で孤立的）や、左下（依存的で孤立的）、右上（独断的で集団的）、右下（依存的で集団的）にいてもいいわけです。

仮説モデルでは、自立と共生のバランスが参加者全員でとれていることが理想です。流動性が担保

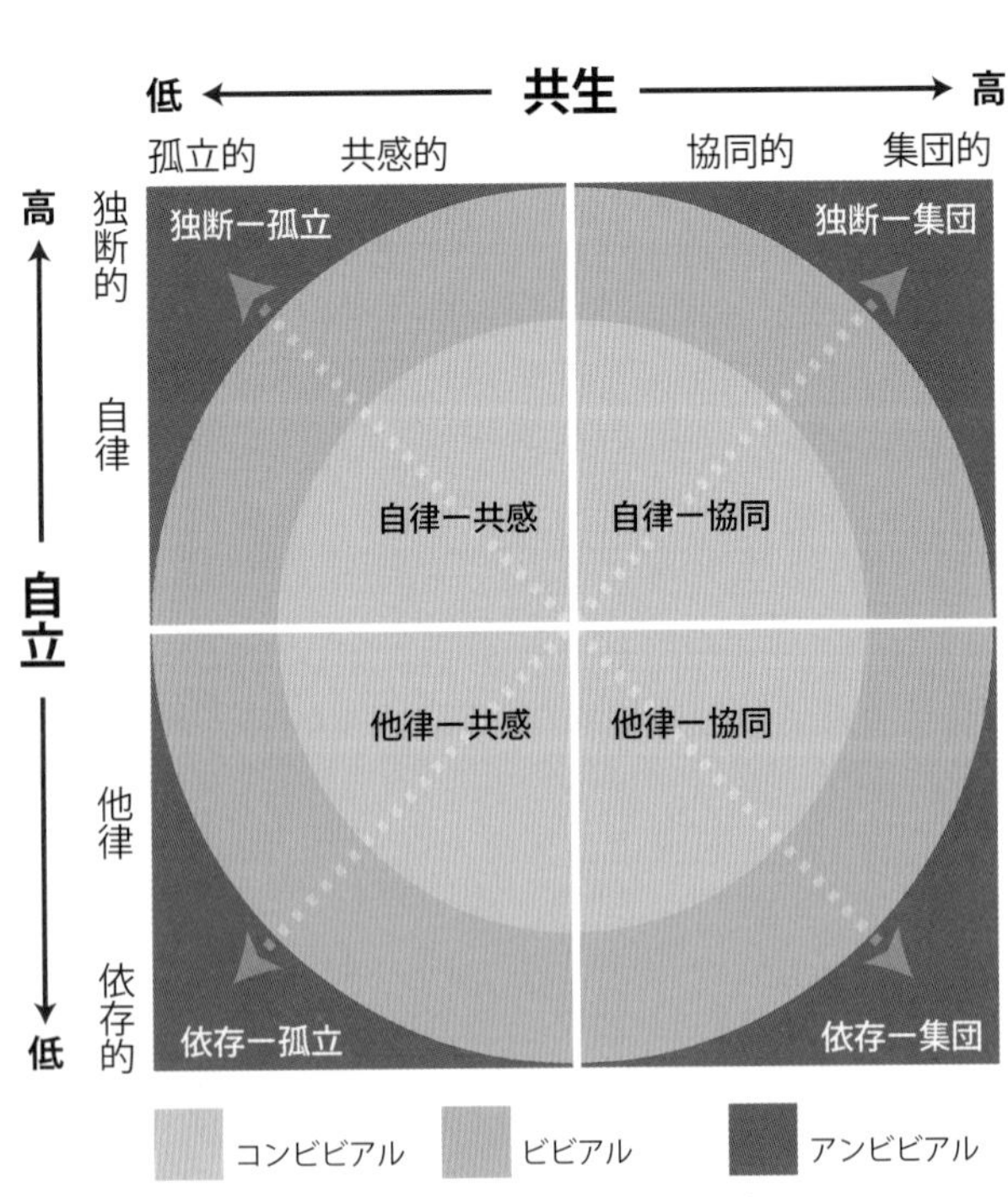

図１　シェアダイニングの自立共生仮説円環モデル

されていることに加え、メンバー間での役割交代も自由です。

「自立」行動が生まれるのは、自分の好きな場所に立ち、自分のやりたいことをする、という自己選択ができた時です。自立行動自体は一人で行う孤独なものですが、共同注意によって他者への関心が高まると、同じ活動に参加している人たちと調和する「共生」行動が生まれます。

酒本さんを例にとると、調理が始まってすぐの時は、主体的に料理に取り組んでいるので「自立」はしていますが、周りの人との交

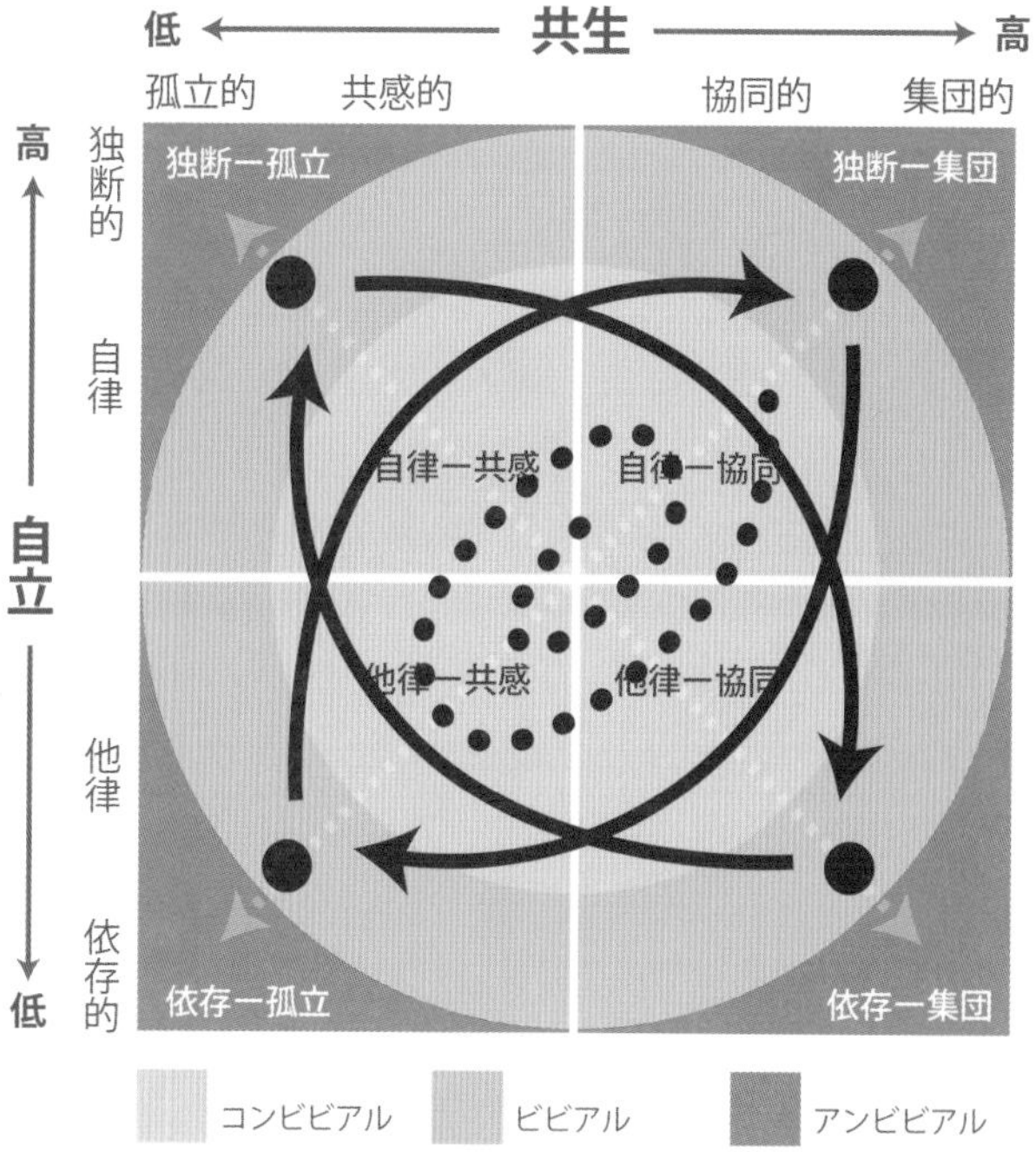

低 共生 高
孤立的 共感的 協同的 集団的
高 自立 低
独断的 自律 他律 依存的
独断ー孤立
独断ー集団
自律ー共感
自律ー協同
他律ー共感
他律ー協同
依存ー孤立
依存ー集団
コンビビアル ビビアル アンビビアル

図２　シェアダイニングの風景

画像提供：西口 敏司

流や助け合いは生まれていないので、「共生」の度合は低い状態です。ところが、山本さんが隣にやってきて、並んで料理を始めると、2人の動きが調和し始めます。この時は2人とも「共生」が高い状態になりました。

集団に多様性があるほど、喜びも大きくなる

ここで興味深いのは、「共生」のためには、それぞれが「自立」している必要があることです。なぜなら、ある程度自律的な行動がないと、相手にどう関わっていいかわからないからです。酒本さんは山本さんにお寿司のつくり方をあれこれレクチャーしていましたが、これも酒本さんが自立していたから、自分の力をうまく発揮したり、自分のもてる力で相手を助けたりすることができたのです。

また、同一人物でも状況によっては共生行動が表れたり、逆に孤立したりして流動的だと述べましたが、この円環モデル内での流動性が大きいほど、集団の喜びも大きくなることがわかりました。つまり、孤立しがちな人がいるほど、みんなの注目がパッと向きやすかったり、料理ができた時の感激が増して、歓声が大きくなったりします。あるいは、料理に関しては「自立」しにくい人（料理の苦手な人）が参加して

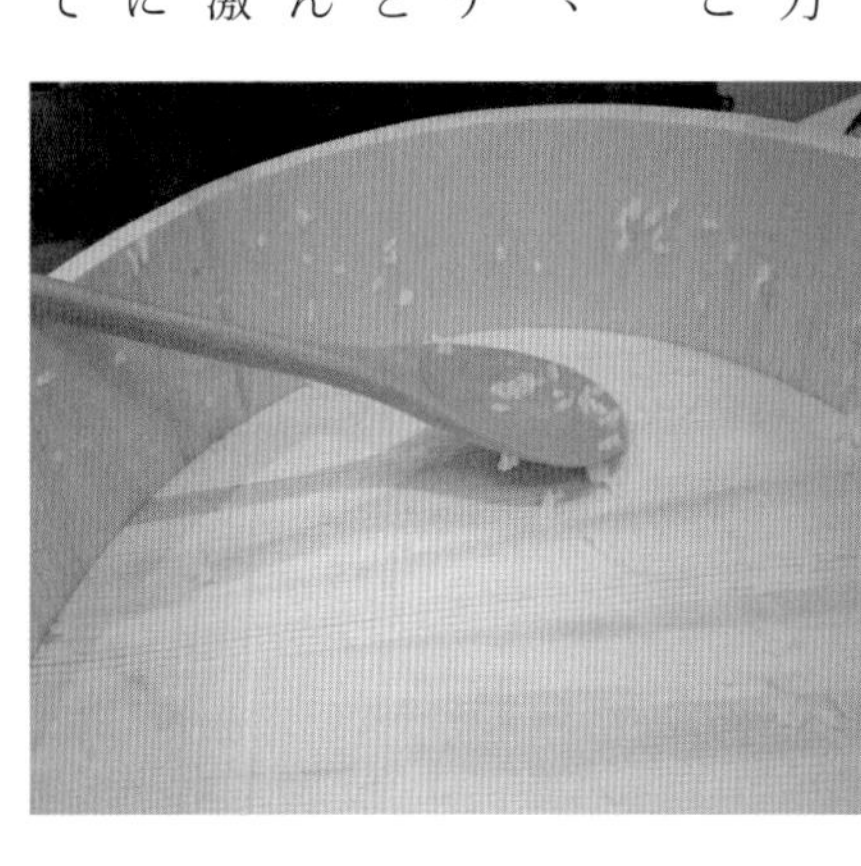

いるほうが、その人を援助する直接的な行動が増えて、感謝の言葉が多い場になります。

集団の中で人々がいきいきと関わり合う力動は、その場にいると感じ取ることはできますが、言葉や数値では表しにくいものです。「おに活」では、技術の力を借りてその力動を可視化しました。その結果から、力動の中にあるつながりに気づくことができたなら、仮説モデルは正しかったといえるでしょう。

写真：長谷川健太

タングラムテーブル

シェアダイニングで大事にしたいのは、誰にとっても居心地のよい場所であること、そして、そこに集う人たちの主体的な活動を引き出すことです。そんな場に自然となるようなテーブルを特別に開発しました。

テーブルといえば丸形か四角形を想像するかもしれませんが、ここにあるのは大きさも形もバラバラです。参加者が自由に動かしたり、くっつけたりして、使いやすいようにアレンジできます。

心地よいと思える場所は人それぞれ。人の輪の真ん中にいたい人もいれば、隅っこが好きな人もいます。一人ひとりが心地よいと思える場所を選ぶことができて、座る角度や向きによって相手との距離感も探れるのがこのテーブルの大きな特徴です。

行動の選択を提供することで、一人ひとりの主体性を尊重しつつ、座る位置によって多様な関係性を生み出すことのできる、"魔法のテーブル"なのです。

開発：小堀哲夫・日下菜穂子・上田信行
設計：小堀哲夫建築設計事務所
設計・制作：株式会社インターオフィス

01

多様な選択がある

02

それぞれの
違いがわかる

03

モノを使って
参加する行為が起きる

写真：長谷川健太

ロングカトラリー

どうすれば共生行動を生み出すことができるか。
これを真剣に考えてつくったのが、長い柄のカトラリーです。長いものだと、1メートルあります。当然ですが、これを使って料理を自分の口に運ぶことはできません。柄が長すぎて、自分ではとても使いにくいのです。ところが、別の人が取ったものを食べさせてもらったり、自分が取ったものを他の誰かに食べさせてあげたりすることはできます。逆にいえば、その方法でしか、食べ物を口にすることができません（笑）。
すると自然に、お互いに助け合う行動が生まれ、「これどうぞ」「ありがとう」と感謝の言葉が飛び交う喜びの場になるのです。自分一人では「できない」状況をあえてつくることで、他者の共感と共生行動を誘発するコミュニケーションツールです。

開発：日下菜穂子

03	04
モノを使って 参加する行為が起きる	ひとりでできない ことがある

Shared Dining
TOOL

カップインターフェイス

乾杯は、場が盛り上がる瞬間です。カップとカップを重ね合わせて、挨拶したり、おいしい食事を共に楽しめることを喜び合ったり。
カップはそれ自体がコミュニケーションツールですが、さらに手を加えて、参加者同士の交流がより生まれやすくなるインターフェイスを開発しました。お互いのカップを近づけると、マイコン部分が通信して、サーバを介して相手のカップのディスプレイ画面にメッセージが表示されます。
つまり、名刺交換のようなことができるので、いろんな人と乾杯したくなるカップなのです。また、カップに組み込まれたセンサーによって、参加者がどのくらい積極的に他者とコミュニケーションをとっているのか、あるいは孤立しているのか、場が盛り上がったタイミングはいつかなどを測定・記録することが可能です。
今後は、参加者の行動をリアルタイムで観察しながら、あまり他者と交流していない人に対しては、カップを振動させて周りの人との交流を促したり、カップのディスプレイ部分を使って趣味が同じ人を紹介したりするようなサポート機能も検討していきたいと考えています。

開発：荒木英夫・佐野睦夫
日下菜穂子・上田信行

03

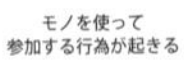

05

実態として
情報に触れる

AI 環境センサー

喜びの感情は、人の創造力を活発にし、新しい挑戦を促します。みんなでつくる喜びの感情を可視化するためのツールが、音声から感情を認識する AI 環境センサーです。「おに活」では、参加者の喜びの感情に合わせて、ダイニングの壁に投影したハートの大きさが変化する演出を行いました。つまり、場が盛り上がり、喜びの感情が高まったと AI が認識すると、壁に映し出されたハートが大きくなります。すると、それを見た参加者たちが反応し、さらに喜びが増幅する現象が観察されました。

05

実態として
情報に触れる

06

みんなの中にいる
という安心感がある

07

喜びがみんなに
伝わるしくみがある

開発：株式会社 PFU

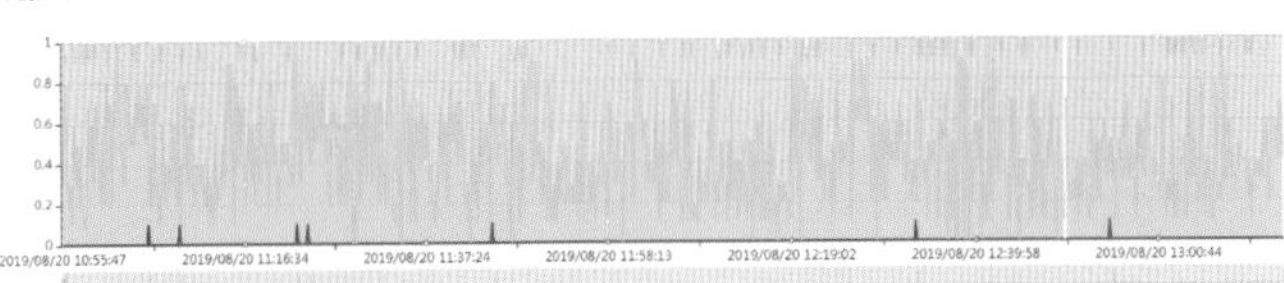

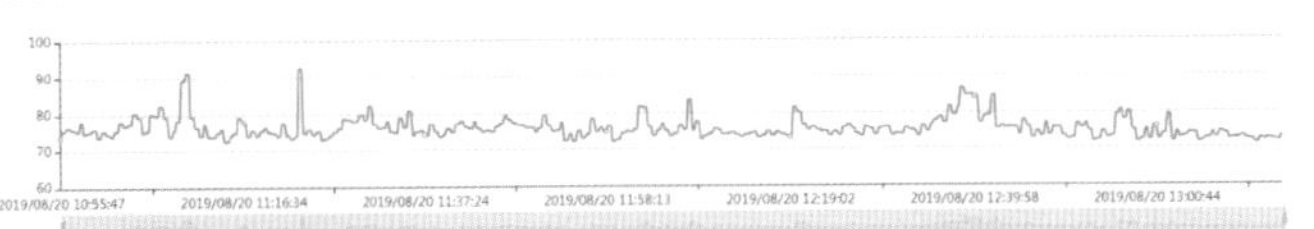

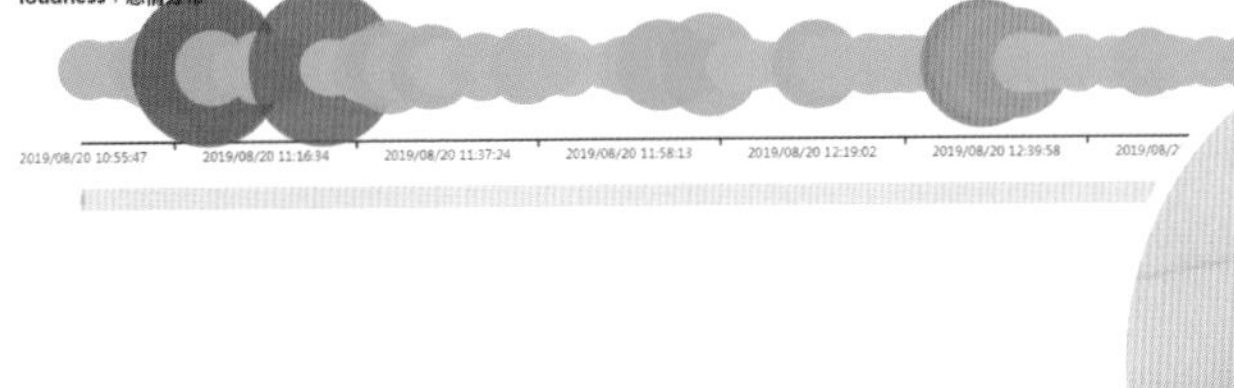

Shared Dining
TOOL

エプロン

「どの色のエプロンにしますか？」シェアダイニングにやってきた参加者にまず問いかけられるのが、好みのエプロンの色です。胸元にシェアダイニングのロゴがついたエプロンの色は、赤、紺、ベージュ、緑の全部で４色あります。

エプロンの色を選んでもらうのは、自分の行動を選んで決める、自己決定の権利と責任が、どの参加者にもあるということを伝えるためです。どの色を選んでも間違いはなく、選択肢も４つと少ないので、気軽に選んで答えられます。

自分が選んだ色と他の人の色との違いが、その人らしさを見つける手がかりになることもあります。エプロンをつけたら早速、買い物や料理が始まります。お客さんとしてやってきた人が、エプロンをつけると、客をもてなす「シェフ」に変わります。「なりきる」と遊び心がわいてきて、いつもと違う自分になれる、というのがシェアダイニングのエプロンです。

みんなのレシピボード

実態として触れることができる「アナログ」のSNS(ソーシャルネットワークサービス）が、シェアダイニングのレシピボードです。シェアダイニングの壁面いっぱいに貼られたカードには、つくったおにぎりの写真と、おにぎりをつくった人とおにぎりのツーショット写真、中に入っている具材、味の感想やおすすめの一言、おにぎりのネーミングが書いてあります。おにぎりをつくり終えたらレシピカードをつくって壁に貼っていきます。カードを貼る壁は、空間を包み込むような緩やかなカーブ状になっていて、たくさんのカードの中のおいしそうなおにぎりや作り手の人たちの写真に囲まれて料理をしていると、時間や場所が離れている人たちとも、一緒につくっている感覚が得られます。身体を通して伝わる情報の人の心を動かす力が、時や場所の境界を超えてつながる共感を促します。みんなが書いたレシピカードを一つに集めたレシピボードは、私たちの知恵を集めた「喜びのレシピ集」ともいえます。

シェアダイニング（おに活）を振り返って

中原 宏平　イオンリテール株式会社　イオン葛西店　店長（当時）

イオン葛西店におけるシェアダイニング（おに活）は、同志社女子大学の日下菜穂子教授が自ら「朝活」に参加され始めたことからスタートしました。「朝活」は、早朝にトレーニングやイベントを毎日欠かさず行うことで、２００名にも上る「朝とも」の輪が広がった、イオン葛西店独自のシニア中心のコミュニティです。日下教授もいつの間にか「朝とも」になられていたのには驚きました。

２０１９年８月にはシェアダイニングのラボが完成し、「おに活」が始まりました。最初は何をするのか初めてのことが多く、参加者は戸惑っていましたが、「食」を通じて大勢の方と出会って共同作業を行い、思い出をつくることに楽しさと目的を見出しているようでした。

回数を重ねるたびにシニアたちの中では、いつの間にか役割分担ができあがり、「おに活」イベントが始まる前の準備を手伝う方や自宅で作ったおにぎりの具を持参してくる方もいました。孫を連れて参加する方もいました。楽しい思い出の1ページです。

シニアの方々は人生経験が豊富なため、新しい経験に出合える機会は少なく、そして社会に貢献し、誰かに頼られるということに飢えているように感じられましたが、「おに活」を通じて「目的」「出会い」「貢献」「誰かに教えてあげられる」「イベントへのわくわく感」「誰かに頼られる」「経験を活かせる」「明日が待ち遠しい」などの経験と、その喜びを共有できる人々の輪（つながり）を持つことができた素晴らしい取り組みだと感じました。

このようなイベントを行ってきたことで、ご参加のシニアの方々の衣服の色も明るくなり、笑顔も増え、健康寿命に貢献しているように感じられました。

シニアの方々に提供できたもの…

『明日が来るのが、待ち遠しい』

素晴らしい取り組みだと思います。

地域の生活支援拠点化とコミュニティ創出

村瀬 義典・乾 裕之　イオン株式会社　エリア戦略統括部
佐藤 京子　イオン株式会社　前ドラッグ・ファーマシー事業　医療・ウェルネス担当理事

イオンは、地域の皆様、行政、大学や企業など様々なメンバーと連携した地域発展の新しい枠組みである「イオン生活圏」の構築に取り組んでいます。それは経済圏という意味だけでなく、それぞれの地域で必要とされる社会資本の不足を補う、生活の核となる拠点づくりを目指すものです。

特にヘルス＆ウェルネスの切り口から、社会参加・食事・身体活動の機会を提供するものとして2019年にシェアダイニングプロジェクトに参画させていただきました。イオンの店舗というリアル拠点を活用したコミュニティ創出に可能性を感じたためです。

各プロセスにおいて学術的・学際的視点に基づきながら、オンライン・オフライン問わず人間の気持ちに寄り添い、楽しさや喜びの創出を目指す『シェアダイニング』の思想を体内化することは、地域にとってもイオンにとっても重要な活動だと期待しています。

食がハブとなり人々の交流につながる

伊藤 裕子　キユーピー株式会社　食と健康推進プロジェクト

健康を考える上で食、すなわち栄養が大きな役割を果たすことはもちろんですが、食だけでは十分といえず、「栄養」「運動」「社会とのつながり」の3つが重要と考えます。

そして、食には栄養補給にとどまらない意義、楽しみもあります。

従来より、社会とのつながり、すなわち人とのつながりにおいて、食は重要な役割を果たしております。懇親、社交の場として会食があり、食を介して楽しさ、おいしさ、幸せを共感することができます。


コロナ禍で集うことが難しくなった時期、キユーピーでは社員による〝サラダリレー〟にチャレンジし、その取り組みをリリースで発信しました。タイトルには想いも込め「キユーピー社員もやってみた! SNSで話題の#料理リレーでコミュニケーションを活性化。テレワークだからこそ、改めて料理に向き合いたい!」としました。

発起人は東京の若手セールスですが、管理職も巻き込み、入社3年目から勤続30年近いベテランまで、札幌、宮城から福岡までエリアを超えたバトンがつながりました。

何かと不便を強いられる日々が続く中で、こんな時だからこそ、自身や家族の〝心と体の健康〟を、「食」を通じて見つめ直し、「食」を通じてつながるきっかけになったと感じています。

もう一つの事例は、ドレッシングを賢く使いこなす「ドレテク」を有志の社員で1か月実践した「ドレテクチャレンジ」です。ドレッシングはサラダに使うだけではもったいない、おかずや素材のストックにも上手に活用できる、ということを社外にPRするために、まずは社員が自ら実践してみよう！という試みです。1か月のチャレンジで、予想を超える多くのメニューや写真が共有され、「実施メニュー数937件、うち7割がおいしくてまたつくりたい」「8割が今後もドレテクを継続したい」と、うれしい結果や社員の声を集めることができ、社員同士も互いのレシピを参考にするなど料理を通じたつながりができました。加えて、ドレッシングは調味料の中で比

みんなでわくわく　ドレテクレシピ（一部抜粋）

脳活サラダ

較すると食塩量が低いため、食塩の過剰摂取に対応することができます。今回得られた結果、『ドレテクのいろんな〝イイコト〟発見!「かんたん」「おいしい」「適塩」』を社員の声として消費者の皆様にお伝えしていきたいと思います。

2つの事例はコロナで集うことが難しくなっても、新たな形で情報を共有することができ、形を変えてつながれること、そして食がハブとなることを学ぶ機会となりました。

2019年4月、イオン葛西店にて開催されたサラダのワークショップ「脳活サラダ」では弊社もご協力させていただき、大変楽しくマイサラダをつくり、参加の皆様といただくことでよりおいしく感じる体験をしました。シェアダイニングでは、まさに食をハブとして人と人とがつながり、会話が始まり、楽しさが広がっていきます。シェアダイニングのますますのご発展を祈りつつ、我々も食品メーカーとしてハブとなれるような商品提供、話題提供に努めてまいります。

Shared
Wonderful Aging

04

シェアダイニング　クロストーク

Playful Learning × Shared Dining

上田信行（同志社女子大学）× 日下菜穂子（同志社女子大学）

上田　今日はすごく楽しみにしてきたんですよ、シェアダイニング。食べるの大好きですから（笑）。よろしくお願いいたします。

日下　私もです（笑）。食いしん坊がそろったところで、今日はよろしくお願いいたします。このシェアダイニングは、高齢者の方を対象に、食を介していろんな人がつながって、そのつながりの中で自分自身を見つけていくプロジェクトなんですね。もともとは、高齢者の方を対象とした「ワンダフル大学院」からスタートしていますよね。

上田　そうでしたね。

「つくる」ことがコミュニティを「つくる」

日下　ワンダフル大学院は、参加者が主体になって、みんなでつくっていくという場ですが、この「つくる」というのが、いろんな人が一緒に集う時のキーワードだなと思うんです。以前、高齢者の方を含めた多世代で何をやるといいのかを上田先生と議論していた時、「食がいいんじゃない？」という話になったんでしたよね。食はつくる工程が目に見えて、つくったものを食べて、自分で味を確かめられるのがいいって。

上田　そうそう。味見して、「これ、ちょっと辛いんじゃない？」とか、「塩味が足りないんじゃない?」とか、ワイワイガヤガヤ言いながら、みんなで味見しながらつくっていけるでしょ。どんな料理ができあがるのかわからない。そういうこともみんなで楽しめるのがいいなと思ったんです。

日下　そう考えると、シェアダイニングの特徴は、「レシピがない」、つまり「ゴールをもたない」ということかもしれませんね。上田先生とワークショップでご一緒するといつもそうですが、レシピ（進行表）はあっても、絶対にレシピどおりにはいかない（笑）。

上田　だって、そのほうが面白いでしょ（笑）。もちろんレシピも大事だと思いますが、それよりも目の前にある材料でどんな料理ができるのかを考えて、つくっている間もリアルタイムに味がどんどん変化していくのが面白いじゃないですか。できたものを食べるというより、つくりながら、食べながらね（笑）。

日下　はい、よくわかります（笑）。

上田　僕は、決まったゴールに向かって進むのは、面白くないような気がするんです。ゴールが決まっていると、寄り道をしにくくなって、途中で面白いものに出合っても気づかないでしょう?　だけど、目の前にある材料で何とかしようと思うと、材料を生かそうと工夫するから、どんどん面白いものになっていきますね。

特に今の時代、明日は何が起こるかわかりません。だから、今を楽しめるのがいいんじゃないかと思うんです。

一人より、誰かと一緒のほうが楽しい

上田　「シェア」という概念は、ずっと昔からあったと思いますが、最近は孤食が増えているので、逆にみんなでシェアしながら食べようという意識がすごく高まっていると思いますね。これからの社会は、自分一人で何かをするというより、どうすればみんなと一緒に楽しめるのか、それを工夫する知恵がすごく大事になってくるんじゃないでしょうか。

日下　それ、まさにお聞きしたかったところです。「どうすれば楽しめるか」と今おっしゃいましたね。私もまったく同感で、食のゴールは「おいしいものをつくる」

ことではなくて、「どうすれば食を通して楽しめるか」に変えていく必要があると思うんですよ。その新しい価値観を、このシェアダイニングで強く打ち出していければと思っています。

上田　僕もそれはすごく大事だと思います。以前、テレビで京都の板前さんが話しているのを聞いたことがあります。お客さんの感想が「おいしかった」だったら80点だけど、「楽しかった」と言ってもらえたら100点だというんです。つまり、「今日の料理はおいしかった」だけでは不十分で、「すごく楽しかった、またみんなで集まろう」と思ってもらえるのが最高の料理なんだと。食を通じて仲よくなるとか、誰かと一緒に食べるのが心地よいことって、誰にでもありますよね。食が媒介することで人と人とが親密になれる、それを体験できるのが食のいいところですね。

日下　そうですね。孤食の何が問題かというと、一人でもおいしいものは食べられるけれど、一人では楽しさが膨らまないことです。だから皆さん、一人で食べていても、自分が食べているものをFacebookにあげたり、Twitterに投稿したりして、誰かに伝えたいんじゃないでしょうか。

上田　今まで食べ物というと、カロリーがどうとか、健康と直結していました。だけど、その軸が今は「健康」から「楽しさ」へと変わってきています。もちろん、食べるのが楽しければ、健康的であるとも言えますね。一人で食べるよりも、誰かと一緒に食べたほうが楽しい。自分一人のものにするより、誰かとシェアしたほうがより楽しい。こういった価値観の大きな転換が、今、世の中で起きているのではないでしょうか。

「シェア」することは相手を信頼すること

上田　シェアするということは、相手を信頼することにもつながっていきます。そういった新しい信頼関係が食を通して生まれていくと、素敵だなと思うんです。

日下　やはり「信頼」がキーワードですよね。人とつながったり、シェアしたりするには、相手への信頼や、シェアしたらきっとよくなるという未来への信頼も含めて必要になってきます。信頼というキーワードについて、上田先生が考えていらっしゃることはありますか。

上田　そうですね。例えば、最近利用者が増えてきたＵｂｅｒ Ｔａｘｉなどは、信頼がベースになっているという点で新しいサービスだと思いますね。従来は、「あのタクシー会社だったら大丈夫」のように、タクシー会社が信頼の対象でした。でも、Ｕｂｅｒ Ｔａｘｉの場合は、ドライバー個人が信頼できる人かどうかが問われてきます。そのドライバーが普段から信頼されるふるまいをしなければ、お客さんが誰もつかないわけです。逆に言えば、自分の責任で他人からの信頼獲得に努めなければならないことに、人々は薄々気づき始めているのではないでしょうか。今までは自分を売り込むためにアピールするという考え方だったけれど、逆に人から頼ってもらうために自分をアピールする。自分を閉じ込めるのではなく、自分をオープンにすることが、もしかすると新しい信頼獲得の形なのかな、と思うんです。日下先生はどう思われますか。

日下　なるほど、そういうふうにも考えられますね。自分自身を信頼してほしいとか、誰かを信頼するために自分のことも信頼してほしい時に、他者から見られる自分や、他者に見せる自分をある程度意識することで、相手に信頼を伝えることもできますね。それを料理でするならば、一緒に何かをつくってみるというプロセスが、自分を他者に見せる場所にもなるのかなという気はします。

上田　料理をしている時は、自分がおいしいと思ったら、「ちょっとこれ食べてみてくれますか？」と周りの人にも勧めたくなりますね。つまり、他者へ視点がいきやすい気がします。あるいは、おいしい食事に連れて行ってもらったら、「今度は自分が誰かを連れて行きたい」と思ったりしますね。それは多分、「一人で食べるよりも、あの人とこれを食べたらもっと楽しいだろう」といった感情がわくからでしょう。そういった意味で、シェアというのは、注意を自分に向けるよりも、自ずと他者に向けることを促すのでしょうね。

日下　発達心理学でいうと、その「信頼」が基盤になって、「この人と一緒なら、きっと」と他の人や未来への明るい期待が高まります。例えば、おいしいものを食べると誰かに勧めたくなる、と今おっしゃいましたね。確かに、「これ、どうぞ」と勧めたら、相手もきっとおいしいと思ってくれるかもという期待感があって、そこに共感が生まれます。あるいは、「自分がおいしいものを食べたから、あの人にも食べて喜んでもらいたい」という思いやりにつながったりします。そういう信頼をベースにして、他者を思ったり、思われたりする人間関係が育ってくるのかもしれませんね。

「弱る」ことは喪失ではない

上田　このプロジェクトは、みんなで一緒につくって、食べて、いい時間を過ごそうということですよね。日下先生のこれまでのご経験から、シェアダイニングの肝は何だと思われますか。

日下　肝はやはり、さっき話に出たような、「ゴールをもたない」ことだと思うんですね。それはつまり、それぞれが個々のゴールでいいということです。高齢社会の未来というと、皆さんすごくネガティブにイメージしていて、体が弱ったらどうしようとか、認知症になったらどうしようとか、「弱る」ことをすごく恐れているような気がします。でも、実際このプロジェクトに集まってくる方々は、年齢を重ねるほど人生が豊かになるので、どうすれば幸せになるかをよくご存じだし、決して不幸ではないんです。

上田　それは素敵なことですね。

日下　見えない未来に向かっていく時の強さや忍耐強さって、すごく大事だと思うんです。年を重ねると身体機能は弱っていくかもしれませんが、自分自身がそれを受け入れて、納得する。そんなところを価値として打ち出していければ、高齢社会もそんなに悪くないと思えるかもしれません。長寿である私たち日本人が、年を重ねることをもっと誇れるような文化がつくれるのではないかと思うんです。その時に、見えない未来を明るくする希望となるのが、食だと思うんですよね。

上田　それ、同感です。「弱っていく自分を受け入れる」とおっしゃいましたね。これに関連して思い出したのは、

「Vulnerability（バルネラビリティ）」という言葉です。

日下　「脆弱性」とか「もろさ」とかいう意味ですね。

上田　はい。この言葉自体は、すごくネガティブな響きがあるかもしれません。年を重ねて弱っていくことは「もろさ」であり、これを否定的に捉える人が多いですよね。自分はこれができない、あれができないって。でも、「私はこれができません」とオープンにすることで、もしかしたら「えっ、できないのですか？」とおっしゃるかもしれませんが、「よく言ってくれましたね、ありがとう」とハグされるかもしれない。つまり、自分をさらけ出すことで、その状況を喜びに変えることができるという、大きな価値の転換も起こり得ると思うんです。そう思いませんか？

日下　はい、思います。弱さを見せるのって、すごく勇気がいるし、強さがないとできないことですよね。弱さをまず自分が受け入れて、「私はこうなんですけど、どうですか？」と他者にも見せるわけですから。そう考えると、私は〝かっこいい〟二枚目路線で生きるより、あえて三枚目でいくほうが〝一枚上手〟の気がして好きだなぁ。私も含めて関西人は三枚目でも全然オッケーですね。「みんな弱いところがあるのは同じだから、仲よくなろう」って、自分の弱いところを見せ合って、信頼し合うようなところがありますよ。

上田　「弱いところがあっても、それでいいじゃない」と言われると、なんかほっとしますよね。自分を責めなくてよくなるから。

日下　弱さもその人の一部なんですよね。強さと弱さって、両極端にあるものではなくて、どちらもその人らしさの一部だと思うんです。

上田　おっしゃるとおりです。

日下　強さも弱さも「その人らしさ」として受け入れると、違う景色が見えてくるはずなんです。例えば足腰が弱って山に登れなくなったら、無理して山に登らなくても、近所の畑の周りを歩くことで、きれいな花を見つけることもあるでしょう。また、体が弱くなったことで、誰かに優しくなれることもあると思うんです。だから、弱くなることは決して喪失ではないし、マイナスではない。そんなことに気づくのが、人生経験を積み重ねて老年期を迎える人の強みだと思うんです。私は長年の高齢者研究を通して、気持ちの穏やかな高齢の方にたくさん出会ってきました。そういう人たちは弱さに対してものすごく寛容です。自分に対しても、周りの社会に対してもそうです。だから、一緒にいるととても安らぎますね。

上田　それはすごく大事なメッセージですね。今、ほとんどの人が年をとることに不安があって、本当なら老年期は酸いも甘いも経験して一番楽しい時期なのに、一番苦しい時期だと多くの人が思っている。そうではなくて、年齢を積み重ねていくことが楽しみになるような、価値観の大転換が必要ですね。

日下　そう思います。多くの人は高齢者の方々と接する機会がなくて、自分たちの物差しで「病気になった」とか「背が縮んだ」とか測るから、弱くなることを怖がっています。でも、もっと彼らの内面に触れると、高齢期のバルネラビリティに対する寛容性みたいなものに触れることができると思うんですよ。弱さを受け入れながら、それでもできることを楽しんだり、喜んだりすることに価値をシフトしていけたら、この高齢社会の未来をそれほど悲観しなくていい気がするんですよね。

「できない人」にも役割がある

上田　僕もそろそろ高齢期にさしかかるので、高齢社会が他人事ではなくなってきていますが、食を介してみんなが集まれる場があれば、楽しく過ごせそうな気がしますね。アメリカ人の知人が言っていましたが、食べることで人と人がつながっていくから、食は最もパワフルなソーシャルメディアなんだって。僕もまさにそう思います。このシェアダイニングがこれからいろんな形で広まっていけば、日下先生が考えておられるような、例えばスーパーマーケットの中にキッチンが備え付けられていて、売場で買ってきた材料を使って、一緒に料理できるような場所も増えていくかもしれませんね。偶然同じ食材でつくっている人同士で、「それ、おいしそうですね」みたいな会話も自然と生まれてくるでしょうし。食がマグネットになって、人を引きつけるスーパーマーケットがこれから生まれてくる予感があるんですが、どう思われますか。

日下　そんなふうになったらいいですよね。先日、大学のカフェテリアで開催した巻き寿司をつくるワークショップには、上田先生も参加してくださいましたね。

上田　はい、参加させていただきました。

日下　参加者の方々には、お好みの具材を使って、巻き寿司を自由につくっていただきました。私たちは巻き簾を用意したくらいで、あまり関与せずに「ご自由にどうぞ」って感じでしたが、あれは面白かったですね。

上田　面白かったです。巻き寿司って、誰にでも簡単につくれそうに思うんですが、案外難しいんですね。

日下　先生は苦労されていましたね（笑）。

上田　欲を出して具材をたくさん入れすぎると、巻けなくなる（笑）。

日下　人が同時に何かモノをつくろうとすると、つくるのが上手な人もいれば、あまり上手ではない人もいます。そうすると必ず、周りの世話を焼きたがる人が現れるんですよね。「それはこうしたらいいわよ」とか、親切に教えてくれたりします。つまり、できない人がいるから、世話を焼く人がいきいきとふるまえるんですよね。そして、できない人はできないなりに別の役割を見つけてきて、率先して片づけを始めたりします。みんなで何かをしようとすると、どんな人にも役割が生まれてくるものなんです。たとえうまくできなくても、できないことが面白いし、できない人の存在が、できる人たちに世話を焼く喜びを与えている。そんなふうに言うこともできますね。

上田　僕のつくった巻き寿司は見た目がひどくて、自分でも笑っていましたけど、周りの人たちも笑っていました（笑）。

日下　先生の巻き寿司は具を入れすぎです（笑）。

上田　日下先生がおっしゃるように、自然と役割ができるということもありますし、周りのオーディエンスも必要ですよね。「すごい！」とか、「わー！」とか言ってくれる観客がいたほうが楽しい。カラオケがなぜ流行ったかというと、みんな表現したいんですよね。仲間の前で表現したい。だから、カラオケは他人の歌を聞くより自分で歌うほうがずっと楽しいんです。それと一緒で、巻き寿司の場所では、誰かがつくってくれるのをただ座って待っているのが一番退屈だと思うんです。やっぱり、自分でつくって、「これどうぞ、食べてみる？」と自分から隣の人にも勧めるのが楽しいと思うんですよね。

日下　まず自分が楽しんで、おいしいものができたら、「皆さんもひと口どうぞ」と。最初に個があって、個が楽しんだ後に、他の人にも食べさせたいと思うんでしょうね。

上田　誰かに食べてもらいたい、というのがすごく大きなモチベーションになりますね。年をとると、特に男性は家にこもりがちだと日下先生もおっしゃっていましたが、そういう人たちが「行ってみようかな」と思える場所を、食を通じてつくれたらいいですね。よく「食べず嫌い」と言いますが、経験する前から「面白くない」と思ってしまって、経験しないことが一番の問題です。そこのところを、今回のプロジェクトでうまくブレイクスルーできたらいいんですけどね。

日下　そうですね。うなぎ屋さんの前を通った人が匂いにつられて入店してしまうみたいに、リタイア後、社会に出かけるきっかけを失くしてしまった人が、食べ物につられてふらりと来てみたら、一緒に楽しめる人がいた、みたいな場所がね。

上田　それって本質を突いていると思いますよ。「あそこの集まりに参加すればおいしいものが食べられる」と聞けば、誰でも行きたくなりますからね。

日下　人はおいしいものには目がありませんね。

食べ物のあるところに人は集まる

上田　僕がアメリカに留学していた時に一番驚いたのは、授業に行くと教室の入口にドーナツが山のように積んであって、コーヒーが飲み放題だったことです。「えっ？　これ食べて飲んでいいんですか？」と思わず聞いてしまいました。教室に入ると、みんなドーナツやコーヒーを片手にワイワイやっていて、そのまま授業や会議が始まるのを見て、なんて贅沢な国なんだと思いましたね。最近、カリフォルニアにあるデザイン会社を訪れたら、大きな冷蔵庫がど～んと置いてあって、扉を開けるとオーガニック食品が入っているんですよ。いかにも体によさそうなものばかり。そういうところからその会社のカルチャーが見える気がしますね。

日下　オーガニックな食べ物は、社員もうれしいですね。

上田　やっぱり食べ物のあるところに人は集まってきますよね。日本の会社でも、コーヒーを飲める場所に人が集まってきて、会話が生まれていますよね。食べ物はコミュニケーションを誘発するし、食べるだけで気分が変わります。そういうものって、他にはなかなかありません。

日下　一緒に食べれば、楽しくなりますね。

上田　食がもつ機能は、これまで「健康」だといわれていましたが、人と人とのコミュニケーションを媒介するメディアとしても大きな役割があります。それはやはり、食というものが五感を通して感じるものであり、一緒に食べることで共感性を育むものだということが大きいのでしょうね。おいしいものや美しいもの、気持ちがいいものは、人間の創造性を引き出したり、イマジネーションを高めたり、人間関係をよくしたりします。その点で食の役割はとても大きいと思うので、ぜひこのシェアダイニングを広げていきましょう。

日下　ぜひ、そうしたいですね。上田先生、今日はありがとうございました。シェアダイニングがますますこれから楽しくなっていきそうな予感がします。

上田　こちらも本当に楽しかったです。僕も食がこれほどパワフルなものだということを改めて感じたので、ぜひ楽しい食卓をつくっていきたいと思います。

上田 信行（うえだ のぶゆき）

同志社女子大学名誉教授
ネオミュージアム館長

1950年、奈良県生まれ。同志社大学卒業後、「セサミストリート」に触発され渡米し、セントラルミシガン大学大学院にてM.Aハーバード大学教育大学院にてEd.M,Ed.D（教育学博士）取得。専門は教育工学。プレイフルラーニングをキーワードに、学習環境デザインとラーニングアートの先進的かつ独創的な学びの場づくりを数多く実施。HP:nobuyukiueda.com

空間 × Shared Dining

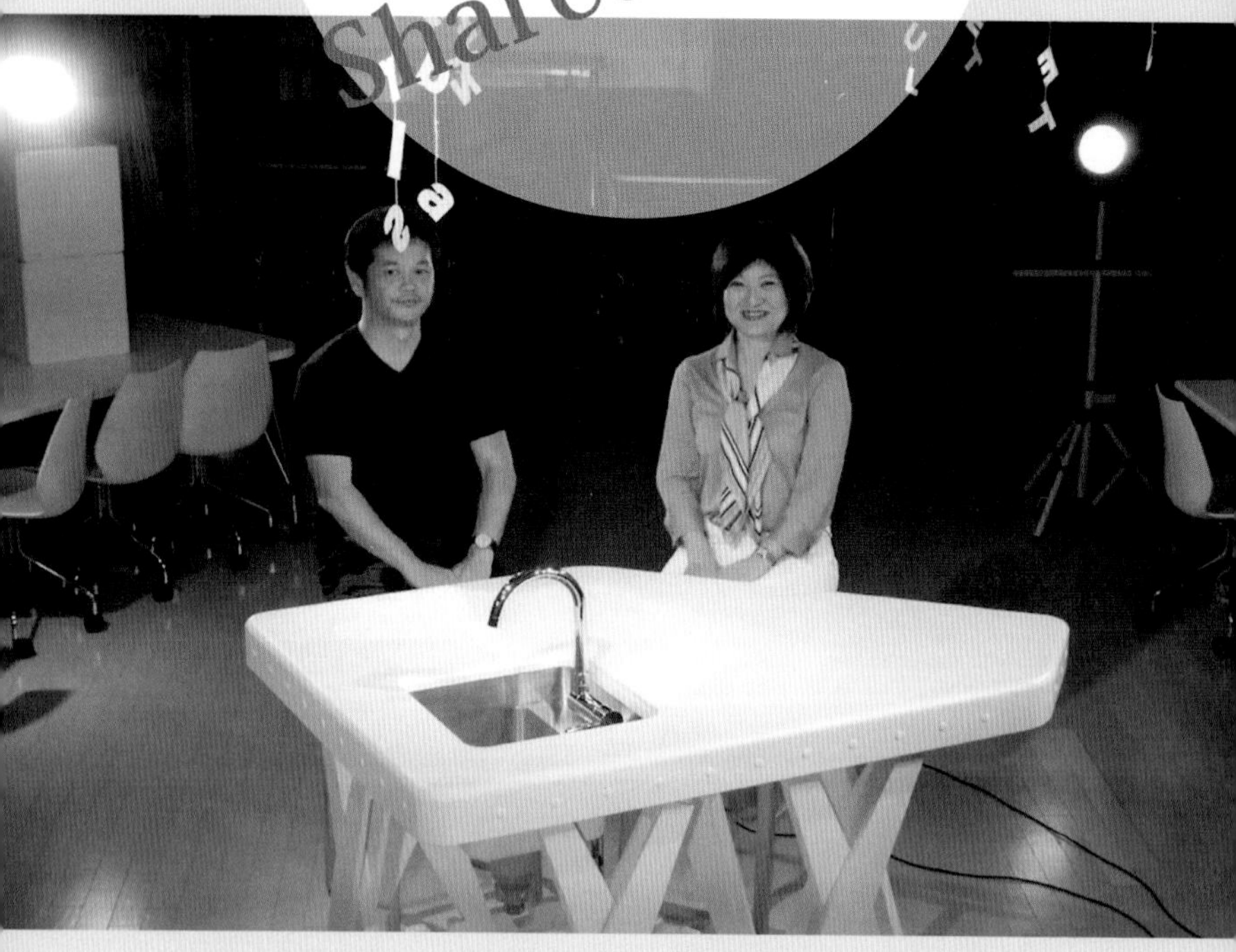

小堀哲夫
（小堀哲夫建築設計事務所）

日下菜穂子
（同志社女子大学）

日下　今日のゲストは、気鋭の建築家、小堀哲夫さんです。小堀さんには、シェアダイニングのためのテーブルを設計していただきました。そのお話もぜひ聞かせてください。よろしくお願いします。

小堀　よろしくお願いします。

日下　今2人で座っているのが、まさにそうですね。小堀さんが設計してくださった多角形のテーブル。これにはすごくいろんな機能や考えが詰まっていますね。

小堀　そうなんです。

心地よい居場所が見つかるテーブル

日下　特徴的なのが、まず足です。X型になっていて、高さを変えることができます。それから、形です。これは台形に近い五角形ですが、他にもいろんな形があって、それらを組み合わせると大きな五角形になったり……。

小堀　正方形になったりね。もともとこのテーブルは、タングラムという子ども向けおもちゃのパズルから発想を得ていて、いろんなピースを合わせて正方形にしたり、バラバラにしたりする使い方をイメージしています。さらに、このテーブルのいいところは、いろんな角度や長さがあるので、自分が心地よく感じる場所を探して座れることです。これを僕は「関係性のデザイン」と呼んでいます。

日下　関係性のデザイン？

小堀　はい。座る位置って、お互いに真正面だと少し緊張するけど、120度くらいだとリラックスして話せますよね。真横に並ぶと今度はコミュニケーションがしづらくなるし。このように、自分が心地よいと思える座る向きや相手との距離感を探れるのが、このテーブルの大きな特徴かなと思います。座る位置によってい

ろんな関係性が生まれるので、「多様性のデザイン」でもあるんです。

日下　なるほど。このテーブルで「関係性」と「多様性」の両方がデザインされるというわけですね。

小堀　そうです。

日下　みんなで一つのテーブルを囲みたい時は、すべてのピースを組み合わせて大きな五角形や正方形のテーブルにできるのもいいですね。実際、その両方の形を試してみたんです。五角形にすると、ペンタゴンで戦略会議をしているような雰囲気になりました。正方形にすると、大き

な囲炉裏をみんなで囲んでいるような気分になるんですね。

小堀　へえ、それは面白い発見ですね。

日下　テーブルの使い方によって、その場の雰囲気がガラリと変わりました。「これが「関係性が変わる」ということなんでしょうか。

小堀　そうですね。皆さんが思い浮かべるテーブルは、丸テーブルか四角いテーブルが多いと思いますが、例えば丸テーブルは中心性をもつので、そこに集まる人たちはフラットな関係性をつくりやすくなります。ただ、人ってみんなフラットな関係を好むかというとそうでもなくて、コミュニケーションの苦手な人は部屋の隅のほうが居心地がいいかもしれないし、逆に人の輪の中央にいるのを好む人もいます。人それぞれ求める関係性は多様です。だからこそ、テーブルのような「モノ」を通して、人間の行動にアフォーダンス※するような「形」というものを考えてみた、というのが最初の発想ですね。

※環境のもつ意味が、人や動物の行動や感情にはたらきかけることを「アフォーダンス」といいます。アメリカの心理学者J・J・ギブソンが提唱した理論で、環境と人とが調和して適合的な状態をつくるという考え方です。今では、建築や道具、システムの設計など、人工物のさまざまなデザインの領域に応用されています。

日下　なるほど。実は私、このテーブルを最初に見た時、かなり衝撃を受けました(笑)。これが置かれた時に人はどんなふうに行動するんだろうかと、心理学の立場から興味をそそられましたね。「モノが人の行動をアフォードする」という視点でこのテーブルが設計されたわけですが、言い換えれば、このテーブルがあることで、それを使う人が自分の行動を選択できるというか、自分がどんなふうに相手と関わりたいのかを選択して、変えることができる自由が与えられていると思うんです。

小堀　そうですね。

日下　そう考えると、一般的なデスクというのはすごく支配的で、それを使う人の選択肢が限定されていて、「あなたはここに座りなさい」と指定されているようなものですね。それに比べてこのテーブルは、

「座りたい場所を好きに選んでね」と問いかけてくれているようなところがあります。人が考えるのを誘発したり、自分が居心地のいい場所の作り手になる主体性を発揮できるよう促しているように思います。

テーブルの周りで助け合いが生まれた

日下 このテーブルをイオンの店内に10日間置いて、本当のお客様を対象に、一緒におにぎりをつくって食べるシェアダイニングに実際に使ってみたんです。するといろんな人がテーブルの周りにやってきて、いろんな楽しみ方をされていましたね。はじめのうちは、テーブルが置かれた場所で固定して使っていたんですが、徐々に自分たちで動かし始めたんです。自分たちが使いやすく、居心地のいい空間をつくられていました。人が感じる快適さはさまざまですが、そのような多様性を認めて、自分たちで変えていけることを、このテーブルで参加者の人に伝えられたのではないかと思います。

小堀 そうですね。場の多様性を生み出すには2つの方法があって、一つは「動かす」こと、もう一つは「形状の違うものを置く」ことです。このテーブルは可動性で形状がバラバラ、つまり両方の要素を兼ね備えているので、多様性は無限大に広がります。ピースの組み合わせはそれこそ何万通りもあるはずなので、使う人が主体的に快適な場を獲得しながら、食を通じてコミュニケーションしていける場になるのではないでしょうか。

日下　小堀さんもイオンに見にきてくださいました。どんな感想をもたれましたか？

小堀　いろんな形のテーブルをバラバラに置くと、空間の使い方も多様になりますね。バラバラに置かれた中に不思議な空間が生まれるのが、僕は非常に面白いと思いました。

日下　ものすごく狭い空間ができていて、そこに入り込んでいる人もいました（笑）。

小堀　そうでしたね（笑）。広い空間があるかと思えば、通り抜けるのに体がぶつかるくらいの狭い空間もあったりして。バラバラな形のテーブルを置くことで、何の変哲もない四角い空間が多様な空間に変わったのが印象的でした。あれが例えば一般的な四角いテーブルだったら、すごく味気ない空間になっていたと思います。

日下　確かにそうですね。料理教室のようなかしこまった場になってましたね。「場をつくる」という発想は日本の文化にはあまりなかったように思いますが、みんなで食べて一緒に喜び合う場をつくるのに、このテーブルがすごく機能しそうですね。その場合、人は2つのタイプに分けられると思うんです。一つは、主体的にテーブルを動かして、自分の居場所を探していく自立タイプ。もう一つは、そこにあるものに対して、まずは様子見をしようという受け身タイプです。

小堀　そうかもしれませんね。僕は職業柄、世界中のいろんな都市を訪れてきましたが、欧州などと比べると日本人はコミュニケーションが苦手な人が多くて、自由に場所を選ぶよりも、場所を決めてもらったほうが安心できるのかなと思ったりします。

日下　確かに欧州の場合、主体性が育まれる土壌があるので、個人の自立を前提にしながら誰かと共生する、ということがバランスよく行われていると思います。ただ、日本では、受け身で自立していない人が「場をつくる」ことに参加できないかというと、意外とそうでもないんです。イオンでこのテーブルを置いた時も、最初は自立していない人が居場所を見つけられずに戸惑う状況もありましたが、このテーブルがあることで、自立している人が手を差し伸べやすくなるんです。今も、小堀さんと私の距離はパーソナルスペースとしてはすごく近いんですけど、角をはさんで斜めに座ることで、さほど緊張感なく座っていられます。自立していない人と自立している人がこの距離感で立つので、助け合いが生まれやすかったのかなという気がします。

小堀　なるほど。多様な関係性を生み出す〝緩い〟テーブルの仕組みがあると、そのテーブルを囲んだ人たちは、仲間のような関係性をもち始めるのかもしれませんね。

人と人が緩くつながれる仕組みが日本人向き？

小堀　都市の成り立ちを見ていくと、人々がどのようにつながってきたかを知ることができるんですよ。例えば、古代のアテネにしてもローマにしても、まず神殿をつくって、次に劇場や闘技場をつくりました。つまり、圧倒的に娯楽として必要な建物をつくって、人々をまとめようとしていくんです。

日下　建物を中心にして人々が集まる社会ですね。

小堀　そうです。それに対して日本の場合は、江戸時代の「向こう三軒両隣」的な発想です。つまり、全員を一度に束ねようとするよりも、まずは両隣と道路をはさんだ向かい側の3軒を自分のテリトリーとして見守る。それがチェーンのようにつながっていくシステムなんです。隣の人は、そのまた隣の人を見るという感じで。長屋という共有スペースに井戸があり、その近くに屋台もあり、みんなが集まる井戸端会議があったので、西洋のように広場に一堂に集まるということがなかったんです。

日下　日本と西洋では人のつながり方が違うんですね。

小堀　大勢が集まって食事する時も、欧州では大きなテーブルが置かれて、その周りにみんなが集まって食べることが多いですね。でも、日本ではむしろ小さなグループの集合体なので、グループ同士が緩くつながれる仕組みをつくっていくほうが向いている気がします。友達の友達……で友達の輪を広げていくような。

日下　なるほど。

小堀　ですから、このテーブルのように組み合わせによって形や大きさを自由に変えられるものがあると、つながりが生まれやすくなりますね。テーブルがバラバラに置かれている時は小さなグループがたくさんできて、テーブルをくっつけると、グループ同士でコミュニケーションが生まれる、というね。

日下　このテーブルはそれぞれ大きさが違うので、グループの大きさも自分で選べるのがいいですね。一人用のテーブルもいくつもありますし。

小堀　そう。一人で食べたい時は、一人用テーブルでね。

日下　一人で食べていても、すぐ近くに大きなテーブルがあるので、他の人が食べている気配を感じることができます。だから一人で食べていても、コミュニティの中にいる感じをもてるんですね。一人でいることが許容されるコミュニティが成立しやすいんだと思います。

小堀　そうですよね。なんとなく一人になりたい人もいるでしょうし。一人でいたい人が、普通に一人でいられる社会というのが、成熟した社会だと僕は思うんです。ただ、望んで一人になっているわけではない場合もあるので、そういう人たちに対してどういう場をつくっていくかも大切なことですね。

日下　イオンの時は、一人で来られる方も結構いらっしゃいました。でも、その場が楽しくなっていくと、一人で食べている人同志の距離がいつの間にか近づいて、つながりが生まれていく様子も見られました。

食を介して人が集う場に、企業も注目

日下　小堀さんはさまざまなオフィスのデザインをされてきましたが、食に興味をもたれたのはなぜですか？

小堀　オフィスでコーヒーを淹れて飲む機会ってあると思いますが、コーヒーの匂いが漂ってくると、「僕も飲もうかな」と匂いに誘われた何人かが集まってきて、雑談に花が咲くことがありますよね。昔は「給湯コーナー」という名の小部屋を見えない場所につくっていましたが、今はもう少し見える場所に置くようになったので、そこで誰が雑談しているかわかるわけですよ。オフィスの中にこういう場所がコミュニケーションツールとして存在して、そこではコーヒーを淹れたり、お菓子を食べたりできる。この空間は誰のものでもないけれど、全員のものでもある。そういう場がキッチンではないかと思ったんです。

日下　なるほど。

小堀　デンマークやオランダを訪れた時に感じたのは、あちらではワークシェアリングがものすごく進んでいるんですね。社員の働き方が多様で、午前中しか働かない人や、午後しか働かない人がいるんですが、食事だけはみんな一緒にとろうとしていたんです。それを見て、食事というのは企業にとってもコミュニケーションを活性化させる非常にいいきっかけなんだなと思いました。

日下　日本の企業では、食べながら会議することは少ないかもしれませんが、食べながらコミュニケーションするほうが仕事も効率的かもしれませんね。

小堀　そうですよね、雰囲気が変わりますよね。

日下　創造的なアイデアが生まれたり。

小堀　そうそう。ただ、日本も少しずつそうなってきています。ミーティングに食べ物を持ち込んだり、お菓子を食べながら打ち合わせしたりすることも増えました。

日下　スポーツクラブの真ん中にキッチンが置かれたケースもありましたね。

小堀　「食べる」という場を人が集まる装置にしているオフィスは増えていると思います。

日下　このテーブルは、食べるだけでなく、料理をつくることもできるんですよね。多様な関係性を生み出すこのテーブルを、今後どのような場所に置いていけると思いますか。

小堀　そうですね、保育園や学校、図書館とか。

日下　図書館に置いちゃいますか（笑）。

小堀　図書館に置くアイデアは、すごくいいと思うんですよ。図書館にはもちろん静かなゾーンがあって、このテーブルを置けば、そこがキッチンゾーンになりますね。静かなゾーンでは勉強して、キッチンゾーンではみんなで集まって食べることもできる。

日下　それ、いいですね！　本を読んだ後にキッチンに寄って、お湯を沸かしてお茶を飲みながら、「こんな本を読んだよ」という会話が生まれる。人も集まってきそうです。

小堀　キッチンでコーヒーを淹れて、それを飲みながら本を読めたら最高じゃないですか。こういうツールはどこにでも置けると思いますよ。公共性の高い場所は、そのほとんどが単一機能ですが、単一機能の中に食をプロットしていくと、場の活性化につながると思うんですよね。ただし、「食堂」という機能に限定しないことが大事です。食堂にしてしまうと、食事の時間しかそこは使ってはいけない、という話になってしまいますから。

自由にふるまえる場では調和が生まれる

小堀　僕が設計を担当した梅光学院大学は、建築当時の2019年には「建物内のどこで食べてもいい」と学校側が決めていました。もちろん生協が運営するイタリアンレストランが1階にありますが、学生たちは好きな場所で食べていいんです。学内では、学生たちが食を通じてコミュニケーションしている風景が至る所で見られます。一般的には、「それ、汚すからやめようね」とか、「片づけが大変だから」という発想になっちゃうんだけど。

日下　管理側からしたら、面倒なことが多そうですもんね。

小堀　でも梅光学院は、「とにかく楽しい空間をつくることが先決」という考え方なんです。とりあえず今年はそれでやろう、ということで、ゲームをやるのも、映画を観るのも、食べるのもオッケーと。そうしたら何が起きたかというと、面白いことに、関係性を自分たちで見つけ始めたんですよ。「ここで騒いだら隣の人に迷惑だな」とか、「あそこで自習している人がいるから、ここで食べると匂いがきつくて邪魔になるな」とか。

日下　他者への意識が生まれ始めたんですね。

小堀　そうなんです。他者を意識した行動を自主的に取るようになっていったんです。

日下　それは面白いですね。先にルールを学ばせてから自由を与えるのではなくて、自由だからこそ、他人への気遣いが生まれていく。

小堀　最初こそ大変だったようですが、しばらくすると、例えば「この辺では映画を観てもよさそうだ」ということがなんとなくわかってくる。

日下　自由を謳歌しているうちに、他者にも意識を向けて調和していくんですね。即興音楽でも同じような変化が起きますね。自由があるからこそ、周囲に気を使って自分を律しながら、他者と調和できる。そうやってコミュニティが生まれ、持続していくという感じですね。

小堀　みんなで集まることの意味は、そういうことを学び続けるところにあるのかなと思いますね。

日下　このテーブルをイオンに置いた時に、

徐々に皆さんが使い方を自分で選ばれるようになったという話をしましたが、10日目になると、「じゃあ、つくったものをみんなでシェアしましょう」と言い出した人がいて、テーブルを寄せ始めたんですよ。もう少し長くテーブルを置いておけば、さらに違う文化が生まれていたかもしれませんね。

小堀　このテーブルの周りには微妙な関係性が多様に生まれるので、いろんな学びがありそうですね。形が不揃いでバラバラだから、みんなで集まろうと思うのかもしれない。テーブルを通して関係性が変化し、人々が創造的になれるのが面白いですよね。

日下　「モノ」としてテーブルを置いておくことで、みんなが空間を自分たちでつくり出して、コミュニティが自然に成長していく。

小堀　環境の力ですよね。すごく面白いと思いますね。

日下　このテーブルはこれからも進化していくと思いますが、今回イオンに置いてみて、それをご覧になって、今後の開発に活かせそうなところはありましたか？

小堀　一つはやはり、見た目ですね。これはかなりゴツイので、もう少し軽快なデザインで、みんなが近寄りやすくなる形にしていく余地はあるかなと思っています。それにパターンももっと増やせると思っています。ペンタグラムやタングラムのシステムを使えば、パターンのバリエーションもいろいろできるので、また違ったシェアダイニングのテーブルができそうですね。

日下 それはすごく心強いです。シンプルかつ必要な機能が詰め込まれたこのテーブルを使って、新たな食べる場所を日本全国に広げていければと思っています。引き続きテーブルの開発をよろしくお願いします。

小堀 よろしくお願いします。

日下 今日はありがとうございました。

小堀 ありがとうございました。

小堀 哲夫（こぼり てつお）

建築家
法政大学教授

2008年、株式会社小堀哲夫建築設計事務所設立。2017年「ROKI Global Innovation Center–ROGIC–」で日本建築学会賞、JIA日本建築大賞をダブル受賞。
2019年に「NICCA INNOVATION CENTER」で二度目のJIA日本建築大賞を受賞。その他、RIBA INTERNATIONAL Prize、ABB LEAF Awards、Dedalo Minosse International Prize、German Design Award 2021、SKY DESIGN AWARDなど国内外で多数の賞を受賞。

Interface Design × Shared Dining

佐野睦夫
（大阪工業大学）

×

日下菜穂子
（同志社女子大学）

日下　今日は佐野先生と調理室でお話しさせていただきます。よろしくお願いします。

佐野　こちらこそ、よろしくお願いします。

日下　まず、先生は「食とメディア」について長く研究されてこられていますが、このテーマに関心をもたれた理由はどんなところにあったのでしょうか。

「食」には人の交流を促す力がある

佐野　私はもともと、初心者の料理を支援するインターフェイスを開発していました。しかし、初心者用のインターフェイスだけでは限定的なので、もう少し料理や食を介してコミュニケーションを広げることができないかなと思いまして。つまり、単純な支援ではなくて、コミュニケーションを活性化するようなものとして、料理や食を捉えると非常に面白いのではないかと思ったのがきっかけです。

日下　食べるものを真ん中に置けば会話も深まりますし、一緒に食べれば楽しさを共有できて、仲間意識も芽生えますね。

佐野　そうですね。それに、食を介して発想がわきやすくなるという実験結果もあるんです。一緒に酒を飲んだり、いろんな料理を楽しみながら話すと、心がオープンになって本音が言いやすくなるんですね。そうすると新しいアイデアが生まれるチャンスも増えてきます。最近は企業でもバイキング形式のランチを無料で提供したりして、社員同士のコミュニケーションの場として活用してもらうケースが増えていますね。食というのは非常に優れた発想支援のツールにもなるし、コミュニケーション支援のツールにもなるので、魔法のような力があると思っています。

日下　なるほど。発想というのは、一人で考えるのではなく、いろんな人の知恵をつないで複合的に総合的に考えていくことで生まれてくるのだと。それに必要な人と人との交流を、「食べる」という行為が促しているというわけですね。

佐野　はい、そのように思います。

「モノ」を介して意思疎通が生まれる

日下　今日は、お互いにカップを持ちながらお話しさせていただいています。何も持たずに2人で向き合って話すと、やはり少し緊張感があると思いますが、こうやってカップを一つ持つだけで、これを見ながら話ができたり、「先生のカップの中身は何味ですか?」みたいに質問したりできるので、すごく話しやすくなりますね。

佐野　そうですね。これがあることで、お互いに向き合う時の緊張感が和らぎますね。

日下　モノを媒介にしてお互いの関係が深まっていくことを「三項関係」といいますが、この場合、カップを介してお話しすることで、佐野先生と私の関係が深まっていくということですね。この「三項関係をつくる」ことが、シェアダイニングの重要な点だと思っています。発達心理学では「共同注視」という考え方があって、一つのものを一緒に見ることで2人の関係が深まっていくことを意味します。佐野先生は、これまでのご研究の中で共感を促す際に視線を変数として扱っていらっしゃいましたが、それはやはり、先生も共同注視はコミュニケーションにおいて重要だとお考えだからですか?

佐野　そうですね。共同注視は心の理論につながっていて、心をそこで想起させる必要条件だといわれています。この考え方を用いて、ロボットを介してコミュニケーションを活性化させるための初対面仲介ロボットの研究をしていたことがあります。どういう研究かというと、シャイで意思疎通の苦手な人のコミュニケーション力をロボットが引き出す、というものです。

日下　今うかがった話は、教育の現場でもよく言われていることでもありますね。つまり、本人よりも少しできる人がサポートにつくことで、その人の発達のステップを引き上げてあげる。これを、「梯子をかける」という意味で、「Ｓｃａｆｆｏｌｄｉｎｇ（スキャフォールディング）」といいます。佐野先生は、ロボットが関わることで、意思疎通の苦手な人にもコミュニケーションを促すことができるとお考えなのですね？

佐野　はい。コミュニケーションの苦手な人って、そもそも相手とどう関わっていいかわからなかったりします。そこで、例えばロボットを介してお互いのアイコンタクトを促すんですね。それによってまずは人間関係の基盤をつくり、そこからコミュニケーションを深堀りできないかと考えました。

日下　なるほど、すごいですね。佐野先生とプロジェクトをご一緒していつも思うのは、ロボットが人の代わりに何かをするのではなくて、その人のもつ潜在力をうまく引き出すためにロボットが存在しているということです。ロボットという異質なものが介在することで、人に気づきを与え、その場の雰囲気や人間関係を活性化してくれる。こうしたロボットの活用法こそ、これから社会にロボットが導入されていく際の新しいロボットのあり方ではないかと思いますね。

五感にはたらきかけるインターフェイス

佐野　ロボットは、ハードウェアとしてよりも、仲介役のインターフェイスであると我々は考えています。今持っているカップも、そのロボットの一つだと考えられますね。カップとカップで乾杯すれば、2人の距離が縮まりますし、一緒に飲めばおいしいでしょ。コミュニケーションの空間の質を高める効果がこのカップにはあると思います。

日下　なるほど。このカップを使うことで、最初の出会いにおける緊張感のハードルが下がりますね。それから儀式的にでも乾杯すると、「これから何か楽しいことが起こりそうだな」という予感がして、未来に明るい展望がもてますね。今日はノンアルコールですけども、ワインだったらもっと楽しく乾杯できるかもしれませんし（笑）。こういったものを媒介にすると、確かにお互いの距離が近くなったり、関係性がよいものになっていきます。カップにそのような効果があるなら、このカップに何か情報をもたせることも重要なんじゃないかと思いますが、いかがでしょうか。

佐野　そうですね。

日下　考えてみれば、スマートフォンに代表される今のデバイスは、平板化して味気ないものが多いですよね。あえてカップのような身近なものをデバイスにすることって、すごく意味がありますよね。

佐野　おっしゃるとおり、スマートフォンは触って実体を感じられる「モノ」というより、情報を閲覧したり、情報を検索したりするものですよね。情報デバイスとしては優れていますが、手に持って「冷たいな」とか「温かいな」と感じるようなものではなくて、あくまで視覚や聴覚を満たすものです。本来のインターフェイスは、触った感触や、匂い、味までも含めた五感にはたらきかけるものであるべきだと思うんですよね。

日下　五感にはたらきかけるインターフェイスですね。

佐野　私はもともと脳梗塞や脳の血管障害で脳に障害のある人のリハビリテーションに携わったり、認知症の方がどうすれば自立できるかを研究したりしてきました。認知症の方には、五感にはたらきかけることが結構重要なんです。つまり、嗅覚や触覚などへの刺激ですね。特に嗅覚は人間が生きるうえで非常に重要な感覚器ですから、認知症になっても残っているんですね。

日下　確かにそうですね。

佐野　ですから、認知症の方の自立には五感にはたらきかけることがとても重要なのですが、スマートフォンではそういうことはできません。触って形を感じられるものや、五感を刺激するようなものが、これからのインターフェイスとして重要になってくるのではないかと思っています。

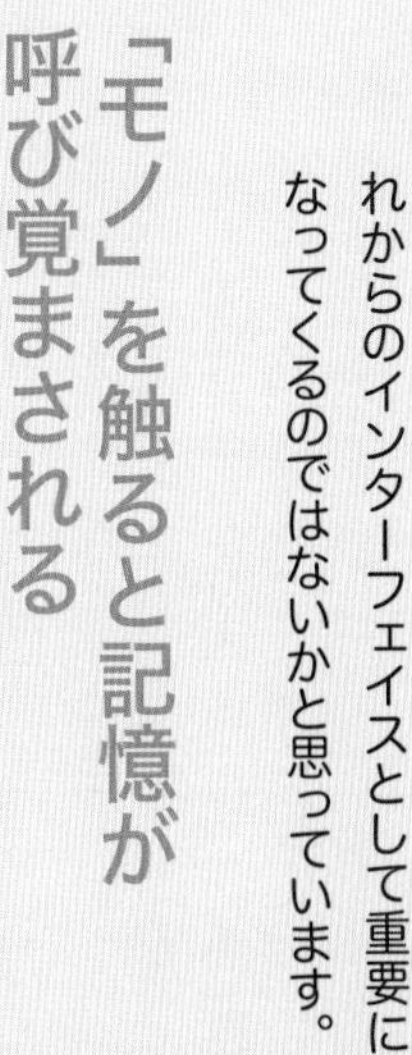

「モノ」を触ると記憶が呼び覚まされる

日下　認知症の方は、失われていく記憶も多いですし、言葉が出なくなる方もいらっしゃいます。でも、五感の記憶は体に残っていて、カップのような直接的に自分で感じられるものは、体に染みついた五感の記憶とセットで感じていらっしゃると思うんです。そう考えると、高齢者の方の強みというのは、長年にわたって蓄積された過去の記憶なんじゃないかと。その経験の記憶が、モノを触る一つひとつの動作から呼び覚まされて、内的にアクティブな状態になって、気持ちがワクワクする。それが食べ物なら、きれいだなとか、いい匂いだなという感覚が伴います。そういったポジティブな記憶が喚起されることによって、心の健康につながっていく可能性もありますよね。

佐野　確かにそうですね。我々も、認知症の方に料理をつくっていただくというワークショップをやったことがあります。皆さん、最初はどうやってつくればいいのかわからず戸惑われるのですが、だんだん過去の記憶が呼び起こされていって、つくり始めるんです。それは多分、身についたものなんでしょうね。包丁を使うとか、どうやったらうまく混ぜられるかとか。経験したことの記憶は認知症が進んでも保たれているようで、マイ包丁を持参される方もいらっしゃいました。それを見た別の方が、「いい包丁ですね」とか「素晴らしいですね」とか話しかけて、お互いをリスペクトしたコミュニケーションが生まれるんですね。

日下　料理をすることで達成感も得られそうですね。「自分でできた!」って。

佐野　そうですね。皆さん、料理をしながらとてもいい笑顔になりましたね。一緒に料理をするというのは、認知症の方にとって非常にいいリハビリテーションになると思いました。

日下　なるほど。モノを媒介して過去の記憶を呼び覚ませるということですね。その次の段階として、メディアを使って過去の記憶をつなぐことを考えていらっしゃる？

佐野　そうですね。今はＩoＴ技術が盛んに使われていますが、その技術を使うと、いつ、どこで、誰が、何を、どうしたか、ということをモノに記憶することができるんです。実際にはサーバーに蓄積するんですが、例えばそういった記憶をこのカップに蓄積しておくと、次に日下先生とこのカップで乾杯した時に、前の乾杯の時の記憶が呼び起こされたりするわけです。それをコミュニケーションの材料にすることもできます。そういったツールも考えられると思いますね。

日下　すごい、そんなこともできるんですね。

人や時を超えて想いをシェアするツール

日下　このプロジェクトの特徴は、佐野先生のような工学の専門家と、私のような心理や社会科学の専門家が一緒にチームを組んでいるところにあります。私たちの専門領域は、どちらかというと「想い」とか、何か出来事があった時に「どう感じたか」

といった動的なもので、記録に残りにくいものを扱っています。人はいつかは亡くなって、自分という存在がなくなってしまうわけですが、亡くなった後も、自分がどんなふうに感じて、どのように人と関わってきたのか、といったプロセスが記録として残ると、自分が亡くなった後の絶望感を超えられると思うんですよね。時を超えて自分の想いを伝えていく道具として、記憶が蓄積されたカップのようなものがあったらいいと思いませんか？　例えば、そのカップで孫が乾杯すると、亡くなったおばあちゃんがこのカップで乾杯した時の感情の記憶が呼び起こされて、「おばあちゃんはこんなことを感じていたんだな」と亡くなった人に想いを馳せることができたり。時間や人を超えて記憶を橋渡しするような、そんなきっかけを与えてくれるすごいツールができるんじゃないかと思いますね。

佐野　そうですね。多分、これからのスマホはそういうものであるべきだと私は思っています。一つのデバイスに特化したものではなくて、カップのようなものに機能がコピーされて、このカップ自体がスマホになるというイメージです。これに触ると反応したり、カップとカップで乾杯すれば会話の雰囲気が変わったりして、道具自体が人間の関係性を深めてくれるインターフェイスになるのではないかと思っています。今、皆さんが使っているSNSは、あくまでバーチャルな空間で人間関係を構成していますが、リアルな空間において関係性を促してくれるような道具ができれば、年をとって認知機能が衰えたとしても、それを補強しカバーしてもらえるので、いつまでも人とつながっていられますよね。実は私、最近スマホがだんだん苦手になってきました（笑）。昔はそうでもなかったんですが。

日下　それ、わかります。視力の問題とかね。操作の問題もありますし。

佐野　そうなんですよ。

「カップ」がスマホ代わりになる未来

日下　でも、カップのようなリアルなものがスマホ代わりになれば、「モノ」なので直感的に感じることもできるし、使っている中でいろいろと必要な情報が得られたりできるということですね。これを間に置いておくだけで人とも関わり合えるし、コミュニケーションを深めることもできる。

佐野　そう。ですから、リアルな道具がリアルSNSを支えてくれるようなものになるんじゃないかな。そういうものをつくっていかなければならない、というのが私のモチベーションでもあります。高齢者施設にお邪魔すると、コミュニケーションをとれない方はずっと一人でこもってしまって、人の輪に入れないいんですね。そういう人ができるだけ人の輪に入れるように、コミュニケーションの敷居を低くするために、道具を介して自分の記憶や想いなどを伝えられるようになればいいんじゃないかと思っています。

日下　それをきっかけに、人の輪に入っていけますね。

佐野　そういうきっかけがつくれるんじゃないかなと。

日下　それ、すごく画期的だと思います。今日はお互いにカップを持ちながらお話しさせていただきましたが、ゆらゆら揺れる飲み物に感覚を向けたり、また先生も同じようにカップを持っていらっしゃることが共通点に感じられたりして、いいなと思うんですね。なかなか人との関わりがもちにくい人でも、こういうものを使えば、コミュニケーションの壁を乗り越えることができそうです。そうやってまずはコミュニケーションを取ってみると、そのやりとりが楽しくなっていきますね。そして、その楽しい記憶がカップに蓄積されていくようになれば、人から人へと、時を超えて喜びのシェアが起きていきそうです。そんなツールが開発されたら最強ですね。すごく楽しみです。

佐野　はい。我々もそれを実現できるように頑張っていければと思います。我々はツールをいろいろ提供していきますが、それをどう使えばいいのかをみんなで議論することで、そこからさらに新しいものが生まれてきます。我々は情報技術分野の専門家ですが、日下先生のような心理学や社会学など人文系の専門家の方々と一緒に取り組むことによって、次の新しいスマホをつくれるんじゃないかと思っています。

日下　本当ですね。ぜひコラボレーションによって新しいツールを開発して、素晴らしいシェアが起きるような「食べる場所」をつくっていきたいですね。これからもよろしくお願いいたします。

日下　では、最後に乾杯！

佐野　乾杯！

佐野 睦夫（さの むつお）

大阪工業大学特任教授

1956年、愛媛県生まれ。京都大学大学院工学研究科修士課程を修了後、電電公社現在のNTTに入社。2002年、大阪工業大学情報科学部情報メディア学科教授。現在に至る。パターン認識・理解技術、生活支援型ロボット、食メディア、認知ケアなどの研究に従事。現在、行動科学の研究をメインに取り組んでいる。2019年からオープンデータを活用し、社会的課題を解決するアイデアソン・ハッカソンを推進している。

認知症予防 × Shared Dining

成本迅
（京都府立医科大学）

日下菜穂子
（同志社女子大学）

日下　今日は京都府立医科大学の成本先生にお越しいただきました。精神医学の観点からシェアダイニングについてお話をうかがいたいと思います。よろしくお願いします。

成本　よろしくお願いします。

日下　成本先生は老年精神医学がご専門で、研究のみならず臨床もされていらっしゃるんですね？

成本　そうです。大学の先生だから診療はしていないと思われがちですが、実は認知症の方を中心にほぼ毎日、外来診療を行っています。

食行動の崩れは認知症のサイン？

日下　先生はこのシェアダイニングのプロジェクトで、認知機能の低下に伴って食行動がどのように変化するのかを調査してくださっています。まず、どのような方法で調査されているのかお聞かせいただけますか。

成本　調査の対象は、私どもの外来診療に来られる患者さんの診療録です。初診時の診療録には、認知症を発症されてから受診に至るまでの生活の変化を聞き取り、記録していますので、それを調査しました。

日下　それはつまり、普段の診察では食行動が一つの目安になっているのですか？

成本　食だけにフォーカスするわけではありませんが、食行動は生活活動の重要な要素の一つです。他にも、例えば日常的に外出しているのか、趣味はあるのかなどさまざまな側面が日常生活にはありますが、誰もが必ずやることが、食べることと寝ることです。その意味でも、食行動は非常に重要な要素の一つといえます。

日下　つまり、食行動に変化が見られると、その方の認知機能が変わってきている、と考えられるわけですね。食行動の変化はご本人も自覚されているのでしょうか。

成本　認知症で最も多いのがアルツハイマー型認知症ですが、これらの方々は自分の変化に気づけないという問題があります。ご本人も気づかないうちに食行動が変化していて、それが健康にも影響を与えていることがよくあります。

日下　お独り暮らしの方の場合、自分自身の食行動が変化していることに気づかずに、食べる量が減っていき、身体が弱っていくという悪循環に陥ることも？

成本　そうですね。そういったことは診療を通して何となく気づいてはいましたが、しっかりと調査したことはなかったんです。この機会に調査してみて、改めてそうしたことが頻繁に起きていることがわかりました。

日下　そうだったんですね。何名くらいの診療録を調査されたんですか?

成本　全体としては300名以上です。その中から200名弱の方のデータを詳しく調べました。

日下　では、調査結果をご紹介いただけますか。

息子に料理し続ける80歳認知症の女性

成本　はい、わかりました。今回の調査では、何を食べたかだけでなく、どんな食材を買ってどのように調理したのか、という食事の準備も含めて「食行動」と捉え、データを解析しました。まず前提として、今の80代の方々は、女性のほとんどが自分で調理されている一方で、男性は奥様や娘さんが調理されたものを食べるのみで、自分ではほとんど調理していないことがわかりました。ですから、男性の食行動のデータはとれなかったんです。300名のデータを200名弱に絞ったというのは、女性に絞ったということです。

日下　そうなんですね。

成本　それで女性に絞って解析すると、もちろん重度の認知症になると自分で食事の準備ができない方が多いのですが、ただ一方で、単純に認知症の重症度だけでは割り切れないケースもありました。認知症が重症にもかかわらず、ずっと自分で調理して、食事の準備をされている方がおられたんです。ですから、認知症の重症度と食行動の崩れが必ずしもリンクしないのです。そこが興味深いところです。

日下　なるほど。認知症が進むにつれて衰える機能がある一方で、残される機能もある。そういうことですね。

成本　そうです。

日下　具体的にどんな事例がありましたか。

成本　80歳の女性の方で、アルツハイマー型認知症を発症された方がいらっしゃいました。その方は長年主婦でいらして、お料理も得意でした。私が診たところ認知症がかなり進行している印象でしたが、息子さんにご自宅での様子をうかがうと、ずっとご自分で調理されて、息子さんの食事の用意もされているそうです。息子さんによると、調理する品目は減っているものの、「味は変わっていない」とおっしゃるので、すごく驚いたんです。

日下　これまでどおり調理されているんですね。なぜ、そういうことが可能なんでしょう？

成本　おそらく調理する環境が「迷わない環境」だから、認知機能が低下しても調理し続けられるのではないかと思いました。つまり、いつも使う調理具が決まった場所にあって、お皿なども決まった場所にしまってある。同じことを毎日繰り返せばいい、という環境が大きいと考えられます。

日下　慣れた環境で、身体が覚えた記憶をたどって手順を追っていけば、多少機能が衰えてもカバーできるということですね。

成本　はい。それともう一つ、息子さんは「本人がつくっています」とおっしゃいますが、おそらく所々でアシストされたり、食材をわかりやすい場所に置いていらっしゃったり、ご自分では「助けている」

という自覚はなくても、ちょっとした支援をされていることがうかがえるんです。ですから、認知機能が低下しても、周りのサポートを含めた環境さえ整えば、調理を続けられるということがこの事例からわかると思います。

日下　面白いですね。この方の場合は息子さんがいらっしゃる。やはり、つくってあげる相手がいることも調理する意欲につながっているんでしょうね。

成本　そうですね。
ただ、つくってあげる相手の存在は諸刃の剣で、「長年家族のために料理してきて、もうほとほと嫌になった」という方も中にはおられます。そうはいっても、自分に役割があることが張り合いにつながっている印象も受けますので、誰かのために料理できる環境があることはいいことなんだろうと思いますね。

高齢者に対するステレオタイプはもう要らない

日下　料理は、つくることで身体機能や認知機能のトレーニングになるのでいいですね。それだけでなく、料理を食べて笑顔になる息子さんを想像したり、息子さんが子どもの時に「おいしい」と言ってくれたことを思い出したり、未来や過去の記憶を想起させるので、内的には高次なレベルの作業が起きているはずです。そう考えると、料理はすごく豊かな活動だと思いますが、いかがでしょうか。

成本　そう思いますね。昔なら、例えば65歳で主婦を卒業して、お嫁さんが用意した料理を食べるだけの生活で老後を過ごす、というイメージがありました。ところが、世代を経て家族の構成も変わった今は、そのステレオタイプはまったく当てはまりません。95歳ではじめて私の外来診療に来られた方は、「この1年、物忘れが増えてきたんです」とおっしゃるのですが、「去年の今頃までは息子の弁当もつくっていたんですけどね」って。

日下　95歳で？

成本　はい、95歳で。

日下　すごいですよね。

成本　本当にそうです。80代だから全面的に支援が要る、というイメージは今やすっかり崩壊していて、90代になっても誰かのために活動されている方がいらっしゃるんです。高齢者に対する私たちのステレオタイプを捨てないといけないなと思います。

日下　同感です。そうすると、調査からわかるのは、認知症になっても調理をする可能性や、コミュニティの中で一緒につくる場合でも、参加できる余地は残されているということですか。

成本 おっしゃるとおりですね。ちょっとした周囲の援助があれば、認知症を発症した後も続けて調理をしたり、自分で食事の準備をしたりできる可能性があると思います。

日下 なるほど。イオンで実施した「おに活」でも、認知機能に不安があるという方がいらっしゃいました。「最近は物忘れがひどくて」とか、「買い物で何を買ったらいいかわからない」とかおっしゃる方もいらしたのですが、そうした自覚がある方は比較的軽度といえるのでしょうか。

成本 自覚のある方は、むしろうつ病などで気分の落ち込みがあって、自分の能力低下を強く感じているケースが多いように思います。それに対して、実際に認知症を発症されている方は、残念ながら自覚のないまま食生活が崩れてしまうことがあると思います。

日下 そうなんですね。そのリスクを検知するという意味でも、食行動に目を向けることは早期発見につながる可能性があるのでしょうか。

成本　そうですね。政府による認知症施策の大綱には、予防と共生という2つの柱が掲げられています。予防の中には、認知症の予防だけでなく、早期発見と介入によって重症化を防ぐという意味合いもあります。認知症の発症によって食行動が崩れると、健康に与える影響も大きく、認知症の進行を早めてしまいかねません。食行動の変化を早期に検出して、認知症の診断に結びつけることも大事ですし、そこで介入して食行動の崩れを防止することで、重症化を防ぐことにも役立てられると思います。

シェアダイニングを通して地域とつながる

日下　成本先生は、認知症の予防や早期発見、治療などにおけるシェアダイニングの可能性をどのように考えていらっしゃいますか。

成本　高齢者の方々の孤独や孤立を避けるために、シェアダイニングなどのコミュニティに参加することはすごく重要だと思います。孤立されている方が知らないうちに認知症を発症し、生活の崩壊に拍車をかけてしまうことがあります。これはご本人にとっても、地域にとっても、非常に不幸なことです。いったん崩れてしまった生活を元に戻すには、非常に大きな努力が必要になります。シェアダイニングのような場を活用して、崩壊前の早い段階から少しずつ支援を行うことで、結果的にそのコミュニティのトータルコストも抑えられると思います。

日下　そうですよね。認知症の発症後に新しい場に馴染むのも難しいでしょうから、ある程度早い段階でコミュニティに入っておくとよいかもしれませんね。

成本　そう思います。シェアダイニングがいいなと思うのは、先ほども申し上げたとおり、食というのは生きていくうえで必ず必要な活動であることです。例えば、地域の認知症予防活動として「脳トレをやりましょう」と言っても、脳トレに興味のある人しか参加しません。脳トレに興味のある人の早期発見にはつながりますが、その他大勢を包摂することができないのです。しかし、食べるという行為は誰にとっても必要なことなので、食行動を通して評価したり、支援を提供したりすれば、地域の住民の方全員にアプローチできる可能性があると思っています。

日下 高齢になると、健康な方から認知症の方まで個人差が大きくなりますよね。先程のおに活では、誰もが参加しやすいようにあえてレシピをつくらず、「正解はありません。好きにつくっていいですよ」という設定にしたんです。認知症の方にも「モノをつくる喜び」を感じてもらえたらいいなと思って。先生のご専門の精神医学の側面から見て、モノをつくることが人の健康にいい影響を与えることはあるのでしょうか。

成本 認知症になると、これまで楽しみにしていたことができなくなることがあります。例えば、ゲートボールを楽しみにしていたのに、点数計算ができなくなって参加できなくなる。あるいは、韓流ドラマを楽しみにしていたのに、登場人物の複雑な関係性が理解できなくなって、面白くなくなるとか。従来楽しみにしていたエンターテインメントがなくなってしまうんですね。そういう時に、さっきおっしゃった「正解のない活動」がすごく重要で、認知症の方も取り組みやすいと思います。また料理は、つくった後に食べて味を楽しめるのもいいですね。感覚を使うことで、認知機能が下がっても楽しめる活動になるのではと期待しています。

日下　感覚が刺激されるといろんな想いがわいてくるようで、おに活に参加された方々も、食べたり味見したりしながら会話が弾む様子がうかがえました。食べ物の匂いとか、立ち上がる湯気や人の声のざわめきって、市場のような雰囲気がありますよね。いろんな刺激を受けることで、記憶を呼び覚ますきっかけになるのではないかと思っています。

成本　そうですね。一時期は、高齢者施設ではたくさんのベッドを効率よく管理することがよしとされていましたが、今はできるだけユニットを小さくして、その中で調理もして、匂いや湯気も感じていただきながら、食事へのモチベーションを高めてもらう工夫がされています。感覚に訴えることはすごく大事だと思いますね。

弱い人がいるから、私たちは強くなれる

日下　イオンのおに活では、料理をしたことのない方やお子さんもたくさん参加してくださいました。皆さん、最初は普

通におにぎりを握っているんですが、楽しくなってくると冒険しだして、変なおにぎりをつくり始めるんですよね。楽しい気持ちやワクワクする期待感、ときめきみたいなものがあると、その人の創造性が発揮されたり、自分自身が気づいていない能力が発揮されたりするのかなと思いました。科学的にみても、そういうことはあるのでしょうか。

成本　そうですね。認知症になったからといって、すべての能力が衰えているわけではないですし、実際にはできることがたくさんあります。

ただ、先ほどもお話ししたように、趣味が楽しめなくなることで社会的な活動の場からどんどん撤退して、残っている能力も発揮せずにいることが多いと思います。認知症の方でも、おにぎりを握るといった単純なことなら、そこに少しの創意工夫を加えて冒険できる方はたくさんいらっしゃるでしょう。

日下　できなくなることが増えていく中で、「できる」という効力感をもてると、人はいきいきしてきますね。認知症になるということは、コミュニティにおいては決してマイナスではないと思うんです。認知症の人がいるから、その人を支えたり助けたりすることで活躍できる人もいます。弱さをもつ人がいるから、他の人が強くなれたり、優しくなれたりします。

それが認知症の方のコミュニティにおける共生の仕方の一つといえるかもしれません。シェアダイニングでは、評価の対象を個人から集団に向けることで、弱いことはマイナスではないんだという、新しい価値観を提示できればと思っているんです。

成本　本当にそうですね。人生100年時代といわれるような長寿の時代においては、高齢になるほど認知症になる確率や有病率は上がっていきます。長寿の時代をコミュニティの一員として生き抜くには、たまたま健康な人が、たまたま病気になった人を支えるという、同世代間で支え合う仕組みが必要だと思っています。シェアダイニングを通してそういった仕組みができれば素晴らしいと思いますし、なによりたまたま健康な人も「他者を支えている」という意味でのやりがいを感じることができますね。

日下　支え、支えられる関係に価値を見出していくと、認知症の人を含めて、「多様な人がいるコミュニティだからこそ私たちは大丈夫」と思えるようになりませんか？

成本　そう思います。今は「認知症にだけはなりたくない」という高齢者の方が多いのですが、それは認知症になると悲惨な状況になるというイメージが強いからだと思うんです。でも、目の前にいる認知症の方に居場所があって、周りの人たちに支えられながらちゃんと生活していることが見える場がたくさんあると、イメージもだいぶ変わってくるかもしれませんね。高齢者の方々の認知症への不安やネガティブな印象が少しでも変わればいいなと思います。

健康な時も、そうでない時も

日下　最後に、先生はシェアダイニングの未来にどんな期待を感じていらっしゃいますか。

成本　冒頭に申し上げたとおり、食べるという行為は誰もが死ぬまでやり続ける行為です。認知症を発症される前のお元気な時から、発症した後まで、継続して参加し続けられるような場になるといいなと思っています。途中で支える側から支えられる側に変われば、そうした変化を検知して医療や福祉が介入することもあるでしょう。それも含めて食生活を楽しみながら維持してもらうために、認知症になる前、なりかけの時、発症した後まで継続して参加し続けられる場を構築できるといいですね。

日下　食生活を楽しみながら維持してもらう、というのがポイントですね。高齢だからとか、認知症になって、できなくなったことを補うのではなく、個別の状態に応じて、柔軟に工夫をして食生活を楽しんでもらう。そういったものが実現できそうでしょうか。

成本　そうですね。高齢者の方は多様性があって、個別性が大きいという事実はありますが、診療録を調査した印象では、ある程度の類型化はできると思っています。つまり、高齢者の方がどんな食生活をして、認知症になるとこんなふうに変わっていく、という類型化はできそうです。類型化されたものに対して、どうアプローチしていけばいいのか、どんな支援が必要で、どう役割を変えていただくのがいいのか、といったことを考えていけば、そこまで細かく個別対応しなくても実現できるのではないかと思います。

日下　決められた手順に従って正しく調理することが目的ではなく、その人らしい調理法や食べ方を知って、個別に違う食事の楽しみ方をいつまでも続けられることが大切で、そのための方法を、状況に応じて自由に探索できる場を実現していくということですね。

成本　そうですね。

日下　ありがとうございます。引き続き成本先生には、シェアダイニングのプロジェクトにご協力いただきたいと思っています。どうぞよろしくお願いします。

成本　こちらこそよろしくお願いします。

成本 迅（なるもと じん）

京都府立医科大学大学院教授

1971年、奈良県生まれ。1995年京都府立医科大学卒。京都府精神保健福祉総合センター、五条山病院などを経て2005年から京都府立医科大学勤務。2016年から現職。認知症専門医として大学附属病院などで診療と臨床研究を行うかたわら、京都式オレンジプラン推進ワーキングの委員や、一般社団法人日本意思決定支援推進機構の理事長として認知症の人の意思が尊重される地域社会づくりに携わっている。

注文をまちがえる料理店 × Shared Dining

小国士朗
（小国士朗事務所）

日下菜穂子
（同志社女子大学）

日下　今日は、全国的に話題になっている「注文をまちがえる料理店」※の仕掛け人でいらっしゃいます、小国士朗さんにお越しいただきました。どうぞよろしくお願いします。

小国　よろしくお願いします。

日下　小国さんが仕掛けられるプロジェクトは、国内外でも高く評価されていて素晴らしいですね。「注文をまちがえる料理店」では、カンヌで受賞もされたとか。おめでとうございます。

小国　ありがとうございます。カンヌライオンズという世界のクリエイティブのアワードですが、そこで「注文をまちがえる料理店」がデザイン部門でシルバーを受賞しました。今日もTシャツを着てきましたが、ここにあるのがそのロゴです。

日下　ペロッと舌を出しているロゴですね。

小国　このデザインが結構評価されましたね。

※「注文をまちがえる料理店」とは、注文と配膳をするホールスタッフの方がみんな認知症の状態にあるイベント型のレストラン。認知症なので、ハンバーグを頼んだのに餃子が出てくる、といったまちがいも時々起こる。そのまちがいをお客さんも受け入れて、みんなでそのまちがいを笑ってしまおう。「まちがえてしまっても、まぁ、いいか」をコンセプトにしている。

日下　海外の人にも響いたんですね。

「認知症の人の笑顔」が海外でも話題に

小国　「注文をまちがえる料理店」をやってすごく驚いたのは、海外の人からの評価が高かったことです。これに僕自身は一番驚きました。2017年6月に2日間だけプレオープンという形で開き、その3か月後の9月に都内のレストランを借りて3日間限定で開いたんですが、これがすごい反響でした。海外からの問い合わせが多かったんですよ。

日下　そうだったんですね。

小国　期間中にたくさんのメディアから取材も受けました。中東のアルジャジーラがいるかと思えば、その隣でアメリカのニューヨークタイムズが取材していて。

日下　その組み合わせはすごい！（笑）

小国　でしょう？（笑）。その隣で中国の国営放送CCTV、韓国の公共放送KBS、そしてNHKがいて。なんかもう、ごちゃ混ぜの多国籍。

日下　それはすごいですね。
そうやってメッセージが国を越えて伝

わっていったのは、小国さんの発信の仕方がいろんな人のニーズにカチッとはまったんでしょうか。

小国　うーん、何だろうな。海外メディアの方々が口をそろえて言ったのは、「なんで認知症の人がこんなに笑っているんだ？」とか、「注文をまちがえられているのにお客さんはなんで笑っているんだ？」ということです。6月のプレオープンがSNSを中心に世界中で話題になって、その時の写真を見て9月のイベントに取材に来てくれたんですが、実際に認知症の人たちの様子を見て「なんでみんな笑顔なの？」と興味をもったようです。

写真：森嶋夕貴（D-CORD）

「？」がないメッセージは伝わらない

日下　以前、小国さんが別の対談で、メッセージの発信の仕方についてお話しされていたのを拝見しました。それによると、まず「？」があって……。

小国　ああ、はい。そうですね。「?」の後に「…」がきて、最後に「!」がくる。この3つをこの順番で並べることをすごく大事にしているんです。

日下　「?」「…」「!」ですね。これについて詳しく聞かせていただけますか?

小国　わかりました。このプロセスを簡単に説明すると、「何だろう?」「実は…」「なるほど!」という順番です。まず「?」というのは、「これって何だろう?」と思わず身を乗り出すような、相手の興味を引くようなことです。そもそも世間は自分たちに興味がないんだ、というところからスタートするので、興味をもってもらうために、まず「?」をつくるんです。

日下　まずは興味をもってもらわないと始まらない、と。

小国　そうです。その「何だろう?」に対して、次にくるのが「実はね…」という説明です。その説明に納得できたら、「なるほど!」と疑問が解決する。

日下　すごくわかりやすい!

小国　ありがとうございます。ですから、「?」に込めるメッセージを何にするか、というところから考えていくんです。

日下　「注文をまちがえる料理店」の場合、「？」は何だったんですか？

小国　料理店なのに、注文をまちがえるんだっていうところ。

日下　なるほど。レストランの名前そのものが「？」なんですね。

小国　はい。ただし、気をつけないといけないのは、強烈な「？」だけがあって、その後の説明がないと、「これは何だろう？　不思議」で終わってしまう。実はこういうのがよくあるんです。

日下　それだと困っちゃいますね。疑問にはちゃんと腑に落ちる説明がほしいです。

小国　そうなんです。そしてもう一つよくあるのが、「？」がなくて、「実は…」と「なるほど！」だけがあるもの。それだと理屈っぽくなって、興味を引かないから、誰もその話を聞こうと思わないんですね。例えば、メッセージが、「注文をまちがえる料理店」の「認知症の人がきらきら働ける社会をつくります」だったら、そんなに取材も入らなかったでしょう。でも、「まちがえちゃったけど、まぁいいか、って言える社会がいいよね」というメッセージだったら、「え？　どういうこと？」と引っかかるし、それに対して僕らのやってることを説明すれば、

「あ、それわかる」とか、「そういうことを言ってほしかった」と共感にもつながっていく。

日下　なるほど。理屈から入るんじゃなくて。

小国　そうです。なので、まずは「何だろう？」というワクワクがあって、その後に「実は…」と説明するストーリーがあって、それに対して「なるほど！」と納得がくる。そのプロセスで提示すれば、その問題にもともと興味がある人たちだけでなく、興味がなかった人にもその問題に気づいてもらえます。そういうプロセスを大事にしています。

日下　小国さんがそう考えるようになったのは、NHKで映像をつくるお仕事をされていた時のご経験から？

小国　そうですね。僕は『プロフェッショナル仕事の流儀』の担当が長かったんですが、他にも『クローズアップ現代』や『NHKスペシャル』といったドキュメンタリー番組をつくっていました。その中でいろんな社会問題を取材して提示するんですけど、なかなか見てもらえなかったんです。僕としては、取材した内容にすごく自信があるし、本当に伝えたいと思っている。でも、伝えたい気持ちが強すぎると、「？」のところをすっ飛ばして、「これ、問題だよね。あなたもそれわかってるよね」って感じで（笑）。

日下　いきなり理屈で押してしまう（笑）。

小国　自分がのめり込みすぎると、世間とのコミュニケーションで最初に大事なこと、つまり「何だろう？」と興味をもってもらうことを忘れて、「実は…」から始めちゃうことが結構ありましたね。

日下　興味と理屈のバランスが大事なんですね。

素人の視点や感覚を大切にする

小国　僕がもう一つ大事にしているのは、素人の視点や感覚です。僕自身、いろんな取材現場に行きましたが、最初はその問題の素人で全然わからないんですよ。その問題に最初に触れた時の、みずみずしい素人の視点や感覚みたいなものは、世間の多くの人の感覚に近いと思っているので、大事にしていますね。だって、みんながみんな、認知症の問題に詳しいわけでもないですし。

日下　普段の暮らしでは接点が少ないかもしれませんね。

小国　でも、取材を重ねていくと、だんだん専門家みたいになってきて、いっぱい知ったような気になったりしてね。素人の時には笑えていたことや、楽しいと感じていたことが、知識が入ってくると「これは笑っちゃダメだ」とか、「こういうことを言うのは不謹慎だ」とか、勝手にブレーキがかかるのはよくないなと思っているんです。

日下　そうですよね。認知症って決して軽々しいテーマではないので、研究者としては「誠実に向き合わないと」と気負うところがあります。でも小国さんのように、自然体でユーモアを交えながら提示するのも、同じように誠実なことなんだと気づかされました。

小国　そうですか（笑）。

日下　素人ということで思い出したんですが、私自身は大学1年生の時、ってすごい昔ですけど、はじめて受けた授業で教科書に書いてあったんですよ。「年をとると衰える」って。他にも「性格が陰気になる」って、そう書いてあったんです。

小国 教科書に？

日下 そう、教科書に。それを見て衝撃を受けました。でも、私の周りにいる高齢者はすごく楽しそうだったし、陰気なおじいさんやおばあさんはいなかったんです。むしろ、明るくておしゃべりな人が多かった。なのに、教科書ではそんなふうに書かれているのを見て、こんな社会で自分が年をとるのは嫌だなと思ったんです。

小国 そうですよね。

日下 年をとることをもっと喜べる社会をつくりたくて、今、シェアダイニングやワンダフル大学院などの活動をしているんですけれどね。

小国 あぁ、素晴らしいな。

日下 「注文をまちがえる料理店」は、海外への発信力も素晴らしくて、プロジェクトとしてかなりうまくいっているように拝見していますが、一方でいろいろご苦労もあったと思うんです。何か壁にぶつかったことはありました？

小国　そうですね。チーム内で揉めたこともないですし、おそらく順調に進んだと思います。でも、認知症のようなセンシティブな問題を扱えば、世間からいろんな反応があるのは避けられません。「認知症の人を見せ物にしている」とか、「これは不謹慎だ」といった声はやっぱりあるんですね。それに対して、僕たちがきちんと答えられるだけの意思やスタンスや準備をしているのか。それについてはすごく悩みました。僕自身もメディアの人間なので、こういうことをやればどんな反応がくるかは、容易に想像がつきますから。

日下　批判されるかもしれないことはある程度予想していた？

小国　はい。予想はしていましたが、やはり怖かったです。

6月のプレオープンの時は、会場に行くのに足がすくみました。

日下　そうだったんですね。そのハードルをどうやって乗り越えたのですか？

小国　それはやはり、原風景でしょうか。

日下　原風景？

みんなが「まちがい」を認めれば「まちがい」ではない

小国　僕がこの「注文をまちがえる料理店」のアイデアを思いついたのは、介護福祉士である和田行男さんが運営するグループホームを取材させてもらったことがきっかけでした。和田さんは、「認知症でも最期まで自分らしく生きる姿を支える」ことを介護のモットーにされていました。そのグループホームでは、認知症の状態にある方が掃除したり、洗濯したり、お料理をつくったりするんです。僕もよくご馳走になりました。

日下　そのグループホームで？

小国　そうです。認知症の方がつくるので、いろんなことが起こるんです。その日の献立はハンバーグだと聞いていたのに、餃子が出てきて、「え？　全然違うよね」ということもあって。だけど、そのことを誰も気にせず、餃子をおいしそうに食べている。その風景が僕にはすごく……。

日下　原風景。

小国　そうです。まちがいって、その場にいる人たち全員が受け入れてしまえばまちがいではなくなるんだという、そのことに気づかせてくれたすごく素敵な風景だったんですよ。それをグループホームだけでなく、街の中で普通にできたらいいな、と思ったところから「注文をまちがえる料理店」は始まっています。だから、プレオープン当日はものすごく怖かったんですけど、「あの時の原風景をもう一度思い出せ」って自分に言い聞かせました。あの風景があったのは本当だし、あそこで俺、心を動かされたよね、って。それを拠り所にして頑張った感じです。さっき日下先生がおっしゃいましたよね、教科書に書かれていたことに衝撃を受けた、って。

日下　あぁ、そっか。小国さんの「注文をまちがえる料理店」と、私たちのシェアダイニングのプロジェクトの原風景って、似てるような気がするんです。認知症の症状があっても、認知症の人ではなくて、「その人」自身に認知症があるだけで、それは個性に近いことですよね。私たちが特別だと思っていることも、目線を変えればそれほど特別なことではなかったりします。だから小国さんのやってらっしゃることって、決められた価値観に対する革命というか、挑戦のような気がするんです。

小国　革命、ですか（笑）。

日下　私たちのシェアダイニングも、年をとることに対するネガティブな捉え方があるので、それに対して革命を起こしたいと思って始めました。年をとることを手放しで喜べないかもしれませんが、それでも高齢者の方々はそれぞれの幸せの感じ方をしていらっしゃいます。そういう一人ひとりに違う幸せのあり方が受け入れられる環境をつくりたいと思っています。衰えるから悪くなるという価値観ではなくて、衰えるからこそ生まれるものもあります。昔の家庭には、「いただきます」「ごちそうさま」と他者を思う言葉を伝え合う、といった関係がありました。その家庭に代わる場所として、シェアダイニングを広げていければと思っているんです。ただ、社会に広げていくのは容易ではなくて……。

どうすればいいと思われますか？　かなり無茶な質問ですね（笑）。

物差しは多いほうが生きやすい

小国 今すぐに解決策は思いつかないですけど（笑）、日下先生のお話を聞いていて、いろんな物差しがあったほうがいいな、とは思いました。「年をとる＝衰える」と考えるのは、若い人や元気な人から見た物差しでしかありません。物差しは1個じゃないほうがいいですよね。この尺度で測れば確かに衰えているけれども、別

の尺度で測れば成熟かもしれない。この尺度で見たらよぼよぼかもしれないけれど、別の尺度で見たら意外とかっこいい、みたいな。物差しは1個だけの場合が多いので、いかにたくさんの物差しをみんながもてるようになるか。物差しが増えれば、いろんな角度からモノゴトを見られるようになって、「これはこうだ」という決まった価値観が支配する世の中から、「そっちでもよくない？」という空気になっていくだろうし。そうなったらいいなと思うんです。

日下　すごく同感。

小国　さっき革命とおっしゃいましたが、僕も革命という言葉は好きです。ただ、眉間にしわを寄せて、肩に力が入った状態で「変えるぞ！」と意気込むのは嫌だな、と個人的には思います。そこまでいくと怖いから。

日下 それも一つの価値観で動かされている感じですもんね。

小国 そうなんです。それよりは、みんなで笑いながら革命していったほうがいいですよ。あんまり眉間にしわを寄せず、肩に力を入れず、普段の暮らしの中から変えていくのが僕のやりたいことなんです。そのためには、やってる本人が楽しむことが大事なんじゃないでしょうか。

日下 そうですね。面白さやユーモアって、客観的な視点が必要ですよね。年配の方はその辺が上手で、年をとることを自ら笑いのネタにして、「やだわ、年取るのって」とか自分で言えちゃったりするゆとりがあるんですよ。プロジェクト全体にもそういうゆとりがあることが大事だと思っています。

小国 すごくそう思います。ゆとりのある感覚っていいですよね。あとはやはり、意味をつけすぎないこともすごく大事だなと思っているんです。

日下 意味をつけすぎない？

小国　そうです。「こういう意図で我々はやってるんです」と言えば言うほど、みんなはその物差しでモノゴトを見始めるでしょう？　そうではなくて、ブルース・リーですよ。僕、ブルース・リーは本当にいいことを言うな、と思うんです。

日下　ブルース・リー、ですか？

小国　そう。“Don't think. Feel.”

日下　あぁ（笑）。

小国　「考えるな、感じろ」です。これをいつも大事にしているんですよね。例えば僕が、「注文をまちがえる料理店にはこんな意図があるんです」と言った途端、それを基軸にみんな考え始めてしまいます。そうではなくて、「とにかく考えないで、感じてください。触れてください。解釈は皆さんの自由です」と提示したほうが、解釈の幅が広がって、僕が意味づけするよりよほど豊かな空間がそこに生まれるんです。

日下　なるほど。それこそ「ゆとり」ですね。今日のお話はどれもとても参考になります。最初のほうでうかがった「何だろう？実は…、なるほど！」のプロセスといい、意味をつけすぎないことといい、メッセージを受け取る側の心が動くゆとりを残していらっしゃる。それが、メッセージが伝わる秘訣なのかなと思いました。

小国　ありがとうございます。

日下　私たちもこれから多くの人の心に響くメッセージを発信して、シェアダイニングを広げていきたいと思っています。引き続き応援をよろしくお願いします。

小国　もちろんです。

日下　今日はありがとうございました。

小国　ありがとうございました。

小国 士朗（おぐに しろう）

株式会社小国士朗事務所
代表取締役／プロデューサー

2003年NHKに入局。ドキュメンタリー番組を制作するかたわら、150万ダウンロードを記録したスマホアプリ「プロフェッショナル 私の流儀」の企画立案や世界150か国に配信された、認知症の人がホールスタッフをつとめる「注文をまちがえる料理店」などをてがける。2018年6月をもってNHKを退局し、現職。

刊行に寄せて

シェアダイニングへの期待

本書では「食」に関する情報を用いて人と人とのつながりを生み出す新しい食空間「シェアダイニング」をどのようにして科学技術で実現するかの研究成果を紹介しています。特に、孤立しがちな高齢者が食の喜びを原動力に健康や生活の質を向上させることで、高齢化社会の課題を解決することを目的としています。

研究活動の中でヒューメイン＊なサービスインダストリーの創出を目指したＪＳＴ未来社会創造事業の研究テーマとして採択されました。人文科学の研究者がリーダーを務める文理融合型の挑戦的な研究です。

新型コロナ禍で生まれた新たなライフスタイルへ対応するため、シェアダイニングもそれまでの対面からオンライン形式へと拡張が図られました。ネットワーク越しでは実感しにくい参加者全員が同じ時間と場所を共有しているという現実感を人の五感を用いて感じられるようになっている点も特徴です。テレワークやオンライン学習など高齢者以外の層への展開も楽しみです。

社会のニーズがモノからコトへと変わりつつあります。モノの価値は、大きさ、消費電力など客観的な指標で表すことができます。一方、コトの価値は、クールな体験やワクワクする新たな機能など人の感覚に依存する部分が大きく、主観的な指標で測られます。モノの価値の創造や理解は自然科学が最も得意とする分野ですが、コトについては自然科学だけでは十分ではなく人文科学の知見が必須です。

本研究はコトの価値創造にどのように取り組めばよいかを示す好例です。今後、本研究成果を参考に自然科学と人文科学の融合がより促進され、その結果、社会に受け入れられる新たな価値が多く創造されることを期待しています。

国立研究開発法人科学技術振興機構（ＪＳＴ）未来社会創造事業
「世界一の安全・安心社会の実現」領域　運営統括
田中　健一

＊人道的、人情的、人を高尚にするという意味を持つ

あとがき

幼少の時から私は、年をとった人の話を聴くのが好きでした。この世界にはわからないことや、どうにもならないことがたくさんありますが、みんなそれぞれが死ぬまで生きる、「生」そのものに、子ども心なりの神秘を感じていたからです。年をとった人の語りを聴いて、人間が一生を通してどのように変わるのか、そのことを老いた時にどう受けとめるのかを知ることは、私自身の生きる指針であり、希望を育む土壌でもありました。

大学で勉強するようになった時、老いへの適応をテーマに選んだ理由は、ポジティブな老いの側面が心理学や社会学の領域では、当時はほとんど研究対象になっていなかったことがありますが、根底には子どもの時からの関心があったように思います。それから35年近くが過ぎ、当初の個人的な関心は社会的な関心へと変わり、今では「長く生きる喜びをつくり合う」ワンダフル・エイジング社会の実現が、研究を続ける理由になっています。

この数十年間に高齢化が急速に進んだことで、長生きの価値を創造するという目標を共にする人がとても多くなりました。うれしいことに、ワンダフル・エイジングの考え方に関心をもって、共感を寄せてくださる人や組織と出会うことも増えています。そして今、生きる喜びをつくり合うという理想の世界を、シェアダイニングの体験にして提供することができたのは、多くの人々が力を寄せて協同された集合的創造の成果だと思います。

シェアダイニングで食事をする喜びと、シェアダイニングをつくる喜びが重なる躍動を、この本から読者の方に感じ取っていただくことができたなら、そして、その喜びが少しでも広がることになれば、と願っています。

シェアダイニングには、実に多くの方々が参加してくださいました。まずは、科学技術振興機構（JST）未来社会創造事業「世界一の安全・安心社会の実現」領域（運営統括：田中健一氏、担当：玉川恭久氏）の5年間にわたるご支援をいただきました。後半においては、京都大学の中村裕一研究室にご協力いただきました。誠にありがとうございました。シェアダイニングは、JSTの研究助成を受けた研究プロジェクトとしてスタートしました。「科学技術でつくりたい未来の社会像」の提案募集に対し、人文・社会科学の分野を中心にした、コンセプトドリブンの提案が通ることはとても稀なことでした。研究成果として求められる科学技術はともすれば、具体的なテクノロジーの開発に注目が集まりがちです。しかし、最先端のモノを開発しても次々に新しいモノが出てきてすぐに古くなってしまいます。そのため、新しいアイデアやテクノロジーが持続的に生まれる仕組み（システム）を構築する。既存のテクノロジーをつなぎ合わせた「システム全体」を、先端の科学技術として開発の対象に位置づけるのがシェアダイニングの考え方でした。このシェアダイニングの考え方に価値を見出して、社会変革への期待を寄せてくださった領域に心から感謝いたします。

ワンダフル・エイジングからシェアダイニングまでのコンセプトの生成過程に、深く影響を与えて示唆をくださったのは、上田信行先生（学習環境デザイン）です。プレイフル・ラーニングの提唱者の上田信行先生、建築家の小堀哲夫さん、佐野睦夫先生（情報工学）、成本迅先生（精神医学）と重ねた議論がシェアダイニングの礎になりました。また社会実装の道筋を丁寧に開いてくださいましたイオン株式会社の佐藤京子さん、葛西店の店長（当時）の中原宏平さんをはじめ皆様、そして「おに活」に参加して楽しんでくださった皆様に心から感謝いたします。2章に登場いただいたワンダフル大学院の皆様には、研究プロジェクトをご一緒するメンバーとしていつも活躍いただいています。研究室の支援では、中辻孝典さんと学術研修員の下村篤子さんの協力をいただきました。その他にも、シェアダイニングのプロジェクトへのご指導、ご協力、ご支援いただいた方々や組織、機関は枚挙に暇がありません。

シェアダイニングは、JSTの研究助成を受けた研究プロジェクト(JPMJMI18D6、JPMJMI20D9)として始動しました。本書の発刊にあたり、4章のクロストークは、公益財団法人ハイライフ研究所で開催されたハイライフセミナーの内容を一部提供いただいたものです。3章はJSTに支援いただいたe-bookの公開資料を基にしています。出版には、同志社女子大学の出版補助を受けました。本書の作成には、ハイライフ研究所の杉本浩二さん、デザイナーの三宅由莉さん、前田はるみさんに協力いただきました。最後に、株式会社クリエイツかもがわの岡田温実さんの忍耐強く的確なご協力で出版に至りました。ここに、すべての方々に心からの感謝を申し上げます。

生きることが喜びになる、ワンダフルな瞬間が世界に広がりますように。
今日もいちにちワンダフル。

2023年 立春
日下菜穂子

著者プロフィール

日下菜穂子（くさか なほこ）

同志社女子大学・教授

兵庫県出身。公認心理師・臨床心理士。専門は老年学・生涯発達心理学。ポジティブ心理学の立場から、人生後半の生きがい創造の実践研究に従事。多世代の学習コミュニティの形成などを通じて、産官学の連携で高齢期の孤立･孤独防止に取り組む。主著に『ワンダフル･エイジング』、『人生の意匠』（ナカニシヤ出版）など。

シェアダイニング

食とテクノロジーで創るワンダフル・エイジングの世界

2023年３月10日　初版発行

著　者　日下菜穂子　Kusaka Nahoko
発行者　田島英二　info@creates-k.co.jp
発行所　株式会社 クリエイツかもがわ
〒601-8382　京都市南区吉祥院石原上川原町21
電話 075(661)5741　FAX 075(693)6605
https://www.creates-k.co.jp
郵便振替　00990-7-150584

装丁・本文デザイン・図イラスト　三宅由莉
編集協力　前田はるみ

印刷所　シナノ書籍印刷株式会社
ISBN978-4-86342-348-0　C0036　printed in japan